重庆三峡学院学术著作出版基金资助

| 光明社科文库 |

# 现代性时域中的
# 民生观念研究

马　兵◎著

光明日报出版社

图书在版编目（CIP）数据

现代性时域中的民生观念研究 / 马兵著 .-- 北京：
光明日报出版社，2019.9
（光明社科文库）

ISBN 978-7-5194-5536-1

Ⅰ.①现… Ⅱ.①马… Ⅲ.①社会保障—研究—中国
Ⅳ.① D632.1

中国版本图书馆 CIP 数据核字（2019）第 209083 号

**现代性时域中的民生观念研究**

**XIANDAIXING SHIYUZHONG DE MINSHENG GUANNIAN YANJIU**

著　　者：马　兵

责任编辑：陆希宇　　　　　　　　责任校对：李小蒙
封面设计：中联学林　　　　　　　特约编辑：张　山
责任印制：曹　诤

出版发行：光明日报出版社
地　　址：北京市西城区永安路 106 号，100050
电　　话：010-63139890（咨询），63131930(邮购)
传　　真：010-63131930
网　　址：http://book.gmw.cn
E - mail：luxiyu@gmw.cn
法律顾问：北京德恒律师事务所龚柳方律师

印　　刷：三河市华东印刷有限公司
装　　订：三河市华东印刷有限公司
本书如有破损、缺页、装订错误，请与本社联系调换，电话：010-63131930

开　　本：170mm × 240mm
字　　数：167 千字　　　　　　　印　　张：12.5
版　　次：2020 年 1 月第 1 版　　印　　次：2020 年 1 月第 1 次印刷
书　　号：ISBN 978-7-5194-5536-1

定　　价：85.00 元

# 前 言

自20世纪初的民生主义到21世纪的“中国梦”，中国现代性进程中所透露出的民生主题持续不断地得到吟诵和高歌。近代以来，中国的现代性建构的外源性与被动性使得摆脱殖民主义的压迫和封建思想禁锢、捍卫民族生存与争取人民解放、实现民族复兴与人民共同富裕的民生问题，责无旁贷地承担起了中国现代性建构的“元命题”角色。因而塑造了中国特定的文化特质和历史语境所造就的、与马克思主义具有历史与价值契合性，并区别于西方现代性构建的“多元现代性”的独特形式。作为中国现代社会组织蓝图中的基本价值和原则之一，现代民生观念的重构乃是传统民生观念经由现代性的荡涤锤炼后的返本开新，其建构内涵、形态、社会价值与功效不断获得增益。对如此一个历久弥新的观念进行科学揭示和创造性的延伸，不但彰显出对传统文化资源的创新，而且可以发挥民生观念的社会功能护航中国民生实践、领航中国民生建设的未来追求。

自从孙中山明确提出民生主义到新民主主义革命，再转至社会主义革命和建设时期，这一历史境遇内，具有现代气质的民生观念历经了从萌发到逻辑主题的转化、异化的建构进程。民生主义的提出与发展意味着现代民生观念得到确立；在新民主主义革命进程中，中国共产党民生观念侧重于民族民主革命的逻辑，而在社会主义革命和建设时期，民生观念的主题经历了从“生产”异化至“革命”的逻辑主题转换。当“贫穷不是社会主义”的民生呐喊催生出改革开放后，改革开放30余年的现代性建构历程实现了社会主义民生观念“格式塔”式的转型升级建构。它不但矫正了“文革”时期民生观念的异化，而且实现了对民生主义的接续与转型，揭示出了改革开放的进程与民生观塑造的进程具有双向互动性，进而形成了以经济民生、政治民生、文化民生、社会民生和生态民生为内涵的“五位一体”的社会主义民生观。而中国社会主义现代性的建构，必然使得民生观念在实践中获得更符合人的生存与发展需求的具有普遍性的、高层次的观念要素。伴随着基本生存问题的解决，人们的民生需求逐渐地转向更高层级，即如何获得高质量的生存与发展，而健康和休闲无疑具有表达高质量民生需求的基本属性。加之人们对健康生活和休闲生活状态的追求实践，中国特色社会主义民生观念必将在“五位一体”的民生观念基础上，通过健康和休闲观念要素的添加而获得进一步加固。如此一来，高质量民生的获得也就意味着民生形态不能简单停留在保障人的生存这个基本层次上，而必然由生存型转向发展型，也就是通过发展让人们获得高质量、高幸福指数的生活。当民生观念伴随实践深入而形成观念系统的时候，民生便具备了意识形态的功能了，民生观念的社会功能也会出现新的价值意旨。由此也就形成了中国社会主义现代性民生观念诸要素的跃迁。

中国现代性时域中民生观念的建构逻辑进程，既体现了民生观念的历史性，又彰显着它的共时性。如此的建构路径以及各逻辑进路之间，是以现代性和历史唯物主义进行联接而又协调发挥各自功能。现代性作为推动中国社会由传统向现代社会转型的引导动力，自从它被激活以后便随即成为“横决”国人思维、行为方式和社会生活的统摄。历史唯物主义不仅是认知中国社会发展的“理论工具”“建构手段”，更重要的是它基于历史与逻辑相结合，科学和价值相统一，形成了与中国现代社会建构之间所构筑的“内在的生产性关系”，从而使其积极参与到塑造中国社会的进程之中。民生观念作为中国现代性的主题之一，其转型升级无法脱离现代性和历史唯物主义的引导、制约和形成。社会主义民生观念的构建是历史与逻辑相结合的产物，坚持科学性、价值性与建构性相统一的基本原则，体现了对人的生活境况的深切关注，并始终以解决人的生存和发展问题为依归。中国现代性以来的社会主义民生观念的建构、转型与升级是一个合目的性与规律性的运动过程。这个过程不论是从转型的结构还是转型的机理上看，皆反映了民生观念转型的广度、深度以及与时代的契合度。因此，从此意义上讲，现代性和历史唯物主义引领了民生观念的时代定位、未来规划和具有中国特色的民生治理模式。

# 目　录

CONTENTS

# 第一章　导论　选题意义、研究现状与研究思路方法

民生是一个历久而弥新的话题，当前对于民生命题的研究不管是学界还是政界抑或商界都表现出了较为浓厚的兴趣。究其原因就在于民生不仅直接事关每个人的生存与发展，也被视为中国特色社会主义现代化建构蓝图中的一个基本价值要素。而作为理性反映民生实践的民生观念体系，在指导、组织、协调民生建设的实践方面有着重要的社会功能。

## 一、选题缘起与意义

民生属于中国社会文化中的内生性概念和变量，其理论内涵经历了从传统向现代的时代转换。而中国共产党则赋予了民生观念以历史唯物主义的诠释与演绎。中国共产党在领导社会主义现代性建构的进程中以民生主体从事并推进民生实践，民生实践生成民生文明，沉淀民生价值的逻辑演进范式对民生观念体系重新进行了科学的揭示和创造性的延伸。党的十八大提出了必须不断发展中国特色社会主义理论体系，必须坚定中国特色社会主义理论自信的要求。在此宏大背景之下，探讨民生观念不仅能够丰富中国特色社会主义理论体系，坚定理论自信，而且可为当前我国的民生建设提供学理设计与方法。

### （一）选题缘起

#### 1. 民生观念价值方向的明确性

近代以来的中国社会主题是现代性的建构，而“帝国主义的扩张和资本主义现代社会危机的历史展现，构成了中国寻求现代性的历史语境”[①]。中西现代性建构出现明显的差异特质，求独立和求民生构成了中国现代性的“元叙事”。民生作为中国建构现代性的基石之一，有效地引领与规划了现代性的建构。西方现代性对中国传统观念体系的冲击，使得传统民生观念开始了其现代意义的转型进程。因此现代性在中国建构的起点构成了民生观念转型的逻辑初始。英国著名历史哲学家R.G.柯林武德曾提出，“历史知识沉淀于特定观念”。质言之，观念如同理论的“DNA”和“RNA”，承载着思想演进进程中的遗传信息。民生观念作为中国社会主义现代性建构的“DNA”和“RNA”，研究其演变规律及其所遵循的价值准则与价值目标，可以揭示中国社会主义现代性建构进程中思想变化的轨迹，并为认识和解决我国民生问题，推进民生建设提供更为明确的价值与行动方向。

#### 2. 民生观念的深刻性

民生是中国社会演进中和政治文化中内生的一个重要而又深刻的命题。古代中国的民生理论和实践丰富绵长，然而，进入近代却出现了民生凋敝、民生多艰的历史时期，但同时造就了中国民生议题的一次凤凰涅槃。这就使得民生成为中国现代性建构进程中的主题之一，并在这种深刻的社会转型潮流中完成了自身的价值和功能的现代转型，为现代社会中民生问题的破解提供了崭新理路。虽然民生在不同的历史时期有着不同的历史命运，但是民生一直是中华民族精神财富中的“最大公约数”。民生的价值与功能在中华民族的历史长河中始终保持着相对的稳定性与延续性。尤其在20世纪初，孙中山把民生提升至革命政纲和社

---

① 汪晖．死火重温［M］．北京：人民文学出版社，2000：50.

会历史进化的动力与归宿，从而使得20世纪成了一个民生擅场的时代。民生已经成为关系中国现代性建构的目标与愿景的基本要素。从一开始，在中国现代性建构的进程中，民生需求与民生保障就受到了前所未有的重视。进入21世纪以来的现代化进程中，民生的价值与功能从民生主义的提出至今仍然保持了其相对的稳定性，改善民生仍然被视为党和政府重要的执政理念与执政目标。中国在现代性道路的选择上，不同程度或者不同方式地表达出民生的取向。如何理解此种民生取向与价值的内在根据？民生观念具有开放性的理论特质，它的生命力随着社会发展而不断被释放。中国特色社会主义现代性建构进程中的民生观，理应在适应新时代发展要求的基础上，对其逻辑体系重新进行科学的揭示和创造性的延伸。中国特色社会主义现代性建构进程中，民生观如何在适应新时代发展要求基础上，对其逻辑体系重新进行科学的揭示和创造性的延伸？对此，有必要审视与厘清现代性时域中民生观念的内在结构、转型机理、转型规律、致思特质等，为认识和解决社会主义的民生问题、推进民生的改善，提供思想理论原则的指导和学理支撑；为民生问题的复杂性做“社会发展和转型代价”的合理性说明，从而使社会主义民生观在当代多元化的社会思潮中化为凝聚人心与力量的“精神黏合剂”和“精神营养剂”。

3. 民生命题的现实性

进入21世纪以来，随着就业、社保、教育、生态等社会问题的日益凸显，作为“社会建设”的重要内容，民生议题俨然已演变成了一个“重大政治问题”。“民生为本”已经成为党和政府重要的执政理念与执政价值。党的十八大明确提出，要深入推进与丰富中国特色社会主义实践特色、理论特色、民族特色、时代特色，坚定中国特色社会主义的道路自信、理论自信、制度自信。基于民生所具有的对中国共产党执政地位的巩固、社会经济发展政策的实施、社会和谐运行等方面的中国特色社会主义的战略意义，作为中国特色社会主义理论体系的应有之义与重要组成部分，民生理论必然引发学界对民生命题的研究和探讨，同时有助于充分发挥民生的社会评价功能、社会稳定功能和社会发展功能。

4. 民生观念研究的单薄性

相对而言，学界对于民族理论、民权理论的研究十分丰富和深入，而对民生的研究明显单薄，而且研究成果多集中于党的十七大透露民生主题逻辑之后，说明研究尚处创议阶段。尤其在党的十八大对民生建设提出新目标、新要求之际，如何解析当代民生观念体系的创新与丰富？如何探究民生观念的时代转型？如何诠释与架构当代解决民生问题脉动与完整设计等，为学界进一步研究提供了较大的空间和余地。作为马克思主义理论的学习者、研究者、工作者，具有关注民生、研究民生的道义与责任，理应积极践行马克思主义对人的价值和人的自由全面发展d的终极价值追求，关注人民生存、生活、发展的现实，理论联系实际，学以致用，用所学的马克思主义理论知识去丈量民生现实，澄清民生观念上存在的疑惑，为认识和解决中国特色社会主义的民生问题、推进我国民生建设，提供思想理论原则的指导和学理支撑。

## （二）选题意义

本选题就学界对中国现代性视野中民生观念的逻辑演进进行了系统梳理与审视，不仅有助于把握理解民生观念的学术意义，更重要的是通过对现代性进程中民生建设的理性反响，为党和政府民生治理模式的建构提供理论支持。

1. 学术意义

本课题研究所涉，属于较新的内容，具有研究的时代感、现实感和前瞻性。本研究对我国现代性进程中民生观念的历史源流、近代发展、现代要求、未来方向、建构机理和建构规律进行了较为系统地阐释，体现出系统性、全面性，保障了理论的逻辑严密与自洽性，并凸显唯物史观的价值引导。通过观念折射思想理论发展逻辑与价值，为中国特色社会主义理论体系的研究提供些许新视角、新方法，还可为党和政府在民生建设中的政策制定与实施提供理念的参考。

2. 现实意义

当下的中国社会，思想多元，同时也存在思潮泛滥的情况，西方的现代性思想“宪政民主”不断地冲击着社会主义的主流意识形态与核心价值观念。植根于中国传统文化并获得唯物史观逻辑的现代民生观念已成为复杂多变的观念体系中的最大共识，具备了凝聚人心与力量的黏合剂功能。基于此，对于民生观念的研究，颇具意义。第一，有助于使民生导向的社会主义现代性能够在多样化的社会思潮中确立主导地位，从而构架起科学理论与人民大众的桥梁，引领当代社会和谐发展。第二，把民生作为中国现代性政治蓝图的核心维度或者中国的“元命题”进行探究，透视中国以民生为核心的现代性的构建历程，有利于领悟马克思主义中国化的实践、理论和动力逻辑理路，对当今推进马克思主义中国化、时代化、大众化具有重要的借鉴作用；为马克思主义政党执政的政治合法性提供坚实的支撑，形塑和加固马克思主义意识形态的魅力。第三，为现代性提供一种全新的建构观念和模式，一定程度上可以超越某些资本主义条件下资本文明的限度与弊端，建构新型的社会主义现代性。第四，为中国从“生存型民生”向“发展型民生”的跨越提供理论参考，增强转变发展方式的科学性和有效性，促进中国尽快走上科学发展的轨道。第五，有助于党和政府在推进中国现代性的构建进程中，加强对人民群众合理的现实利益诉求的关注，优化执政理念，科学、合理地制定社会政策，有效地处理民生问题，推进社会治理模式的创新。

## 二、选题研究现状

民生是人类社会存在和延续的基石，民生观念在人类生存与发展的实践中得以积淀形成，生生不息，逐渐凝结出了价值和文明的结晶，成为中外思想历史长河中一支重要的研究领域。国外的民生观念丰富多样，源远流长。

（一）国外研究现状

国外，尤其是西方并无“民生”这个词汇，但由于西方国家的政治制度和社会结构，民生思想十分丰富。纵观西方社会中的民生观念体系，其研究成果主要体现在追求德性的民生观念、追求人权的民生观念、追求社会福利的民生观念等三种模式的不断充实和延伸进程之中。

1. 追求德性的民生观念

关注人生、关爱生命、追求幸福的人文文化是西方文明的源头之一。早期的古希腊文化的鲜明特质就在于其注重关照个人世俗生活，形成了生活幸福的文化主题，围绕超脱苦难、获取幸福展开了一系列的关于生活本质的追问。同时古希腊、罗马时期的社会思潮又具有较为浓烈的道德化特征。思想家们从追求个人和社会的德性出发而获得幸福的终极价值，他们认为德性既是幸福的保障，又是德性价值的体现，追求德性的目的在于获得幸福的生活，幸福乃是人生活的最终目的。苏格拉底（Socrates）认为，“一切公正的事情和一切遵照美德来做的事情都是光荣的和好的”[①]。德性几乎可以等同于幸福，柏拉图（Platon）提出“四主德”即正义、智慧、勇敢和节制不仅是个人的德性而且还是国家的德性。他认为需求造就城邦，城邦不仅满足了人的自然需求，而且可以使公民获得最大的幸福。通过立法和实施公有财产制度就能造就整体幸福的城邦社会集体。亚里士多德（Aristotélēs）则认为，“幸福就是一种合乎完满德性的现实活动”[②]。幸福必然是合乎美德和遵从美德的，美德构

---

① 周辅成．西方伦理学名著选辑（上卷）[M]．北京：商务印书馆，1987：51.

② 亚里士多德·尼各马科伦理学[M]．苗力田，译．北京：中国社会科学出版社，1999：24.

成了幸福的首要条件。具备最高尚道德的、最善良和最快乐的人才是幸福的。道德上最优良的城邦一定是能够保障公民获得幸福生活的政治集体，而教育则是获得幸福生活的工具和基础。但是，亚里士多德认为容貌、荣耀、财富、权力并不能等同于幸福，它们不过是幸福的某种外在显征和人的内在价值的外在价值表现而已。赫拉克利特（Heraclitus）、德谟克利特（Leucippus）、伊壁鸠鲁（Epicurus）则把心灵上的宁静和精神上的愉悦视为最高幸福，“各种美德都与愉快的生活共存，愉快的生活是不能与各种美德分开的。”[①] 由此可见，古希腊、罗马时期的民生观念侧重于对民生幸福这个宏大应然目的价值的追问，并且致力于实现美德与幸福价值的融合，通过美德的修行建构起幸福的生活。同时建构起以幸福、智慧和德性为基本参数的幸福主义德性伦理学。中世纪宗教神学基于德性的民生观念，由圣·奥勒留·奥古斯丁（Saint Aurelius Augustinus）和托马斯·阿奎那（Thomas Aquinas）对德性伦理进行了宗教神学的整合和规训，论证了超世的神学德性理念，把德性的终极目标规定为获得与神结为友好关系，如此才能超脱不完满的现世幸福，而达至彼岸世界的永恒幸福。然而，文艺复兴以来，随着“上帝的隐退”及功利主义和义务论的张扬，德性民生观念逐渐势衰。直到20世纪50年代末期，以英国哲学家G.E.M.安斯库默的《现代道德哲学》（Modern Moral Philosophy）为标志，西方社会出现了复归的德性幸福的呼声和主张，并开创了当代德性伦理学。“德性伦理学的复兴来自人们日益对义务论和功利论的不满”[②]。当代德性伦理学中的一种研究范式仍然把幸福作为解释德性的基础。

2. 追求人权的民生观念

14世纪前后，欧洲社会出现了以人文主义为核心价值的文艺复兴

---

① 周辅成.西方伦理学名著选辑（上卷［M］.北京：商务印书馆，1987：105.

② HURSTHOUSE R.On Virtue Ethics［M］.Oxford：Oxford University Press，1999：3.

运动。人文主义转变了人对幸福生活追求的趋向，人文主义者基于对彼岸幸福的虚幻性，主张人们应该从追求来世的幸福转向现世的幸福生活，“我不想变成上帝，或居住在永恒之中，或者把大地抱在怀里，属于人的那种光荣对我就够了。我自己是凡人，我只要求凡人的幸福”①。而一旦凡人开始追求当下世界的幸福，所面临的最大障碍就是如何破除现实的压迫和不平等、不公正。要实现社会的变革，在观念上必然首先获得合乎人的主体理性的理论支撑，因此用人的主体视野而非神学视角就会得出君权并非神授，而是源自人本身权利让渡的结论。由此，强调通过人的权利而非神权和君权来获得幸福价值的民生观念的建构拉起了序幕。

在16世纪末至19世纪初的欧洲资产阶级革命时期，资产阶级以包含自由、平等、生命的权利等范畴的人权概念论证神权和君权的非法性。人权概念的形成乃是基于“人之生存欲求的正当化”。托马斯·霍布斯（Thomas Hobbes）认为，人已经不再是道德或者神学意义上的人，而是自然法——自然人性和自然权利意义上的人。人的权利是国家形成的源泉，也就是说，他以人的权利让渡为主要特征的社会契约论来论证国家的起源，而此种社会契约论的精神又是来自于人类社会经济生活和商品交换中的民生实践之中。利奥·施特劳斯（Leo Strauss）认为：“在霍布斯本人那里，自身保存之自然正当已经包含了‘身体自由’的正当以及人的舒适生活状况的正当：这导致舒适的自身保存之正当。这个正当，乃是洛克教诲的关键所在。此间我只能断言，这个教诲的结果乃是对经济的日益强调。最终我们得到了这样的看法：对于完善的正义而言，普遍的富裕与和平是充分且必要的条件。”②

---

① 周辅成.从文艺复兴到十九世纪资产阶级文学家艺术家有关人道主义人性论肩论选辑[M].北京：商务印书馆，1971：11.

② 利奥·施特劳斯.现代性的三次浪潮[M]//贺照田.西方现代性的曲折与展开.长春：吉林人民出版社，2002：92-93.

约翰·洛克（John Locke）可称作是西方人权理论的规范者。他把自由和财产权引入人权观念，在《政府论》中提出：其一，人人具有包括生存权在内的基本权利，“人们既然都是平等和独立的，任何人就不得侵害他人的生命、健康、自由或财产。因为既然人们都是全能和无限智慧的创世主的创造物，既然都是唯一的最高主宰的仆人，奉他的命令来到这个世界，从事于他的事务，他们就是他的财产，是他的创造物，他要他们存在多久就存在多久，而不由他们彼此之间作主人。”①其二，人人具有民生的保障权。国家和政府具有保障人的民生权利的责任和义务，即“政治权力就是为了规定和保护财产而制定法律的权利，判处死刑和一切较轻处分的权利，以及使用共同体的力量来执行这些法律和保卫国家不受外来侵害的权利；而这一切都只是为了公众福利”②。洛克的人权学说被法国哲学家孟德斯鸠（Montesquieu）继续传承与发展，孟德斯鸠在《论法的精神》中谈到人类生活的规律时，认为和平、觅食、自然需求和爱慕、生活在社会中的意愿是四条自然法规则。费希特（Fichte）在《自然法权基础》中认为“每个人都按照契约拥有感性世界的一个部分，作为他独有的活动范围……创造自己赖以生存的物质财富”③，即“每个人都必须能够靠自己的劳动生活”④。这些民生权利精神影响了西方各国，并成了这些国家的立国之基。美国在其《独立宣言》（1776）中宣称，“人人生而平等，他们都从他们的造物主那边被赋予了某些不可转让的权利，其中包括生命权、自由权和追求幸福的权利”。法国基于《独立宣言》的蓝本在其《人权与公民权宣言》（1789）中规定：“任何政治结合的目的都在于保存人的自然的和不可动摇的权利，这些

---

① 洛克．政府论：下［M］．叶启芳，瞿菊农，译．北京：商务印书馆．1997：6.

② 洛克．政府论：下［M］．叶启芳，瞿菊农，译．北京：商务印书馆．1997：4.

③ 费希特．自然法权基础［M］．谢地坤，程志民，译．梁志学，校．商务印书馆，2004：213-214.

④ 费希特．自然法权基础［M］．谢地坤，程志民，译，梁志学，校．商务印书馆，2004：214.

权利就是自由、财产、安全和反抗压迫。”奥地利法学家门格尔（Anton Menger）在其《全部劳动权史论》（1886）一书中提出了生存权优先于其他权利的思想，并提出了劳动权的概念，认为劳动权是生存权的基础。德国的《魏玛宪法》（1919）第一次明确了现代意义上人的生存权，规定公民的生存权须由国家进行保障；公民的生存权不仅仅体现能够活下去的权利，更应体现人有尊严和有价值生存。以此为标志，人权从洛克的应有权利形态，转向了法定权利状态。二战以后，现代生存权利的观念受到了广泛认可和接受。日本学者三浦隆的解释仍然延续了《魏玛宪法》对生存权的界定，“所谓生存权，就是人为了像人那样生活的权利。所谓像人那样生活，就是说人不能像奴隶和牲畜那样生活，是保全作为人的尊严而生活的权利”①。法国、瑞士、日本等国家的宪法之中皆规定了有关生存权的内容。1948年联合国大会通过的《联合国人权宣言》明确规定：“人人有权享有生命、自由和人身安全。”这就昭示着生存权已被作为国际通行之准则。日本学者大须贺明认为，“生存权在宪法上获得保障，给基本权利体系的性质带来了重要的质的进步”②。这些镶嵌着人权精神的价值观念是对封建主义制度蔑视人的生命和生存价值的坚决批判，而且意味着民生不仅属于道德法则，更是一种法定权利，不仅得到了国家和政府的保障，而且获得了法律的强制约束，生存权已正式被确定为基本人权。1979年联合国大会通过了《关于发展权的决议》，发展权作为基本人权得以确认，“发展权利是一项人权，平等的发展既是各个国家的特权，也是各国国内个人的特权”。1993年世界人权会议进一步阐释认为：“《发展权利宣言》所阐明的发展权利是一项普遍的、不可分割的权利，也是基本人权的一个组成部分。”至此，民生权利已被界定为生存权和发展权并得到普遍认可。由此可以看出，此时西方的

---

① 三浦隆．实践宪法学［M］．李力，白云海，译．北京：中国人民公安大学出版社，2002：158.

② 大须贺明．生存权论［M］．林浩，译．北京：法律出版社，2001：20.

民生观念侧重于个人的公民权利和政治权利的内涵意蕴。确切地讲，民生观念的权利意蕴时至今日仍然是十分重要的解读范式，不过其内涵处于不断扩展之中。民生观念从侧重于个人的公民权利和政治权利的内涵意蕴，转向了经济、社会和文化权利等。

3. 追求社会福利的民生观念

西方社会福利（social welfare）民生观念的形成仍然源自对生存权和发展权的保障理念，社会福利民生观的内涵基本上沿承了社会救济——社会保障——福利国家的逻辑进路。

（1）社会救济

1601 年英国颁布了西方第一部《济贫法》，以法律的形式规定了政府对社会成员的贫困负有求助的责任。以此解决了宗教团体的慈善活动所无法承受的日益严重的贫困问题，这被认为是社会福利制度的萌芽，同时也是最初级形态的社会福利。此种社会救助的理念和措施受到了欧洲各国的效仿。不过由于把贫困等归因个人的懒惰和无能，试图撇清与社会和政府的关系，此种社会救助制度受到了资产阶级思想家的批判。

（2）社会保障

19 世纪随着西方各国所面临的失业、住房、医疗、教育、阶级矛盾等社会问题日益严重，强调国家在疏困、解困中的义务与责任的社会保障理念逐渐形成。19 世纪 80 年代，德国政府基于新历史学派国家干预经济社会生活的理念，颁布了一系列社会保障法案，如《劳工疾病保险法》《劳工伤害保险法》《残废和老年保险法》。20 世纪 20 年代，德国基本建立起了现代保障制度，成为西方现代社会保障制度的开创者。而社会保障的概念最早是由在 1935 年美国颁布的《社会保障法案》（Social Security Act）中正式公开提出的，这同时标志着美国社会保障制度的建立。

（3）福利国家

福利国家的理念属于社会福利中的高级阶段，福利国家阶段社会福利已经从关注弱势群体和公民的最低生存需求，转向注重全体公民福利权利和如何保障高质量、体面的生存的阶段。这种层级的理念可以追溯到英国古典政治经济学家亚当·斯密，他在《国民财富的性质及其原因的研究》中提出了社会整体福利的构想。

20世纪20年代，形成了福利经济学派，以英国经济学家庇古（Arthur Cecil Pigou）为代表，在其《福利经济学》中提出，一方面需要通过增加国民收入来增进普通福利；另一方面则通过国民收入的再分配（如税收）来增进普遍福利。由于福利经济学理论确立了社会保障制度的公平化原则，因此被认为是西方福利国家的重要理论基础。20世纪30年代，英国的“凯恩斯主义”极大地发展了福利国家理论和制度。1936年凯恩斯在其《就业、利息和货币通论》一书中提出了国家必须积极干预经济，并利用财政政策如扩大财政支出投入民生领域，提高公民的生活水平，扩大公共福利，因而可以刺激有效需求增长，最终破解经济危机和严重的失业问题。1941年英国战时内阁财政部、英国战后重建委员会委托经济学家威廉·亨利·贝弗里奇（William Henry Beveridge）教授对当时的英国社会保险状况及有关服务机构的工作效率进行全面调研，同时为战后的英国实行社会福利计划进行顶层设计。1942年贝弗里奇提交了题为《社会保险与相关服务》的报告书，即《贝弗里奇报告》（William Beveridge's report）。贝弗里奇的核心愿景是建立以社会保险为基础的福利国家。贝弗里奇报告的中心原则是统一缴纳保险计划，以确保所有合资格的公民维持生计收入保障的权利，他设想了国家强制性保险，覆盖范围“从摇篮到坟墓”。《贝弗里奇报告》所阐述的思想构成了现代福利国家的奠基理论，在西方社会福利理论发展史上具有里程碑意义，“福利国家”的基本思想影响了西方福利社会的发展轨迹，各国先后建立起福利国家。贝弗里奇因此被誉为“福利国家之父”。

二战之后，尤其到20世纪70年代，随着凯恩斯（John Maynard Keynes）主义的逐渐“失灵”，西方的社会福利观念的主要流派有以哈耶克（Hayek，Friedrich August）、米尔顿·弗里德曼（Milton Friedman）等为代表的新自由主义和以蒙代尔（Robert Alexander Mundell）为代表的供给学派理论。新自由主义反对国家干预，倡导市场自由和人的自由选择，“一个人如果一心想通过增加政府的干预来为公共利益服务，那他将‘受一只看不见的手’的指引，去增进同他的盘算不相干的私人利益”[①]。因此，福利国家实际上是对个人自由和选择的某种限制。所以必须提升个人在社会福利中的责任和义务，实现个人与国家责任和义务的平衡。供给学派理论在反对凯恩斯有效需求的前提下，提出公民应主要以工作保障生存和生活，而不能仅仅依赖政府援助为生。20世纪90年代，西方社会基于社会福利思想“左”和“右”的争议，形成了介于国家干预主义与自由主义之间的“第三条道路”的社会福利思想。主要以吉登斯、布莱尔等为代表。其理论精髓强调了某种均衡式的社会福利思想，即注重国家干预与市场之间的均衡，权利和责任之间的均衡，效率与公平之间的均衡。“第三条道路”不仅仅是对左、右分歧的纯粹折中，同时也是某种具有超越意义上的融合。

综上所述，从西方社会福利观念的研究历程可以看出，每一个国家社会福利思想的形成都是基于对人的生存权和发展权利的保障而衍生出来的更加具体化的理念和措施，尽管每个国家和时代所建立的思想范式和制度模式不尽相同，但是，其中皆蕴含了人道主义基本原则和公平与正义的价值观念，这些原则和理念不仅彰显民生观念的基本特征，而且为中国的民生建设和研究提供了有益的借鉴理路。

### （二）国内研究现状

近几年，民生问题成为国内学界、经济界和政界热议的焦点议题，人们从经济学、政治学、法学、社会学等多学科领域对我国的民生议题

① 弗里德曼．自由选择［M］．胡骑，席学媛，安强，译．北京：商务印书馆，1982：11.

进行了多方面的研究，形成了一系列多角度、有特色的研究成果。民生既深刻又现实，由于其对中国特色社会主义现代性建构的重要战略意蕴，使得学术界对它的研究不只是停留在“问题”的视野，而已经视其作为中国特色社会主义理论体系重要组成部分而进行研究。总的来说，现有的理论成果主要可概括为以下几个主题视角。

1. 关于民生内涵的研究

对于民生内涵的界定，从理论上看，关系到民生研究的领域和研究对象的确定。从实践上看事关民生政策和措施的制定与实施，所以如何界定民生显得尤为重要。中国的民生概念的使用，最早可追溯至春秋末期的《左传·宣公十二年》中“民生在勤，勤则不匮”的理念之中。此处的民生就是指百姓的基本生活。由于这个概念覆盖着鲜明的政治与道德倾向，使其基本上得到了中国社会历朝历代的接受而得以承袭，由此也就构成了中国传统文化中的民生观念的源头。直至20世纪20年代，孙中山在民生主义中对民生进行了现代意义上的重述，认为“民生就是人民的生活——社会的生存，国民的生计，群众的生命”①。他把“民生”提高到社会历史观核心的高度，即把“民生”视为历史的重心和社会进化的原动力，“古今一切人类之所以要努力，就是因为要求生存；人类因为要有不间断的生存，所以社会才有不停止地进化。所以社会进化的定律，是人类求生存。人类求生存，才是社会进化的原因。”②因此“民生主义，不但是最高的理想，并且是社会的原动力，是一切历史活动的重心。民生主义能够实行，社会问题才可以解决；社会问题能够解决，人类才可以享很大的幸福。”③

当代学界对民生内涵的界定，可以说在回归民生传统意蕴基础之上，又基于当代民生建设和民生问题的实践进行了创造性诠释。当代学

① 孙中山．孙中山选集［M］．北京：人民出版社，1981：802.
② 孙中山．孙中山全集：第九卷［M］．北京：中华书局，1986：369.
③ 孙中山．孙中山全集：第九卷［M］．北京：中华书局，1986：380.

界对民生内涵的诠释主要形成了以下观点类型。

（1）动态发展观

郑功成教授认为："民生问题是一个动态的、持续发展的概念，因为人民的追求一定是持续向上、持续向好的……在经历了一个满足人民低层次的温饱需求的阶段后，现阶段的民生问题已经不再是简单的衣食之忧，而是包括教育、就业、收入分配、社会保障、医疗卫生乃至公平正义、民主法制等，从而是全方位的、高层次的民生问题。"[①] 而政府对民生的认识也经历了一个关注民生——重视民生——保障民生——改善民生的演进过程。此观点基本上已经获得学界的较为普遍的认可，成为学界界定民生观念、解决民生问题所遵循的一个基本原则。

（2）阶段层次观

这部分学者基于历史唯物主义的观点，认为"民生，是分阶段的。基本生活资料的获得以及基本生存需要的满足，是第一阶段的民生；在此基础上，不断提高物质生活质量，丰富精神文化生活，以及追求社会公平、正义、和谐，是第二阶段的民生。第一阶段的民生是第二阶段的民生的基础，第二阶段的民生是第一阶段的民生的进一步发展。如果仅仅为了满足物质生活需要而没有更高的追求，人类社会就会发展乏力。人类社会的发展，是不断解决民生问题，不断改善民生的过程，也是由解决第一阶段的民生问题向解决第二阶段的民生问题转化的过程。"[②] 其在对此种划分做出说明时强调认为，这是解释为什么在解决了基本温饱之后，当前的中国民生问题依然存在的最好例证。而当下的中国无疑已经处于民生的第二阶段期。邓伟志、卜佳慧则认为民生除了物质层面的需求之外还需有精神层面的满足[③]。具有阶段层次论的界定显然具有动态性的特质，实际上属于动态发展观进一步阶梯化。

---

① 郑功成 . 解决好民生问题始终是政府的核心任务［N］.2007-03-01.

② 李亚彬 . 论民生对于中国特色社会主义的意义［J］. 马克思主义研究，2008（7）: 81.

③ 邓伟志，卜佳慧 . 民生论［J］. 上海大学学报（社会科学版），2008（4）: 05.

（3）广义—狭义观

此界定对民生概念进行“二分法”，即给予民生广义和狭义的概括。吴忠民认为：“现代意义上的民生概念有广义和狭义之分：广义上的民生概念是指，凡是同民生有关的，包括直接相关和间接相关的事情都属于民生范围内的事情。狭义上的民生概念主要是从社会层面上着眼的，从这个角度看，所谓民生，主要是指民众的基本生存和生活状态，以及民众的基本发展机会、基本发展能力和基本权益保护的状况，等等。”[①]他同时评价道，广义上的民生概念过于宏大，甚至可以认为是一个无所不包的概念，这就造成了在具体的民生建设实践中难以把握的问题。因此，基于狭义民生概念的准确性和可操作意义，现实中我们更倾向于使用狭义的民生概念。基于此种思路和理念，一些学者也对民生观念做出了相应的补充和调整，林祖华认为，“广义的民生不仅包括公民的生计与生活，还包括公民的政治需求、文化需求和精神需求，包括公民的生命价值、健康价值和尊严价值等内容”[②]。此观点与吴忠民的民生概念不同之处在于，他是基于民生需求价值的角度切入探讨，吴忠民的民生概念则侧重于从权利的角度界定民生。

（4）整体有机观

有学者认为，民生不仅是关涉人民生存、生活、生计的概念，而且还与人权、需求、责任密切关联[③]。此观点提出的视角显然比“广义—狭义观”所提出的民生概念要宽泛一些。用“责任”关联民生，说明对民生的理解已经由过去过多地从人民这个主体角度去理解民生，转向从政府责任的角度理解民生概念。与之有相同观念的还有，如赵中源、梅园提出：“和谐社会语境下的民生应该包含三个基本层面的含义：其一，

---

① 吴忠民．走向公正的中国社会［M］．济南：山东人民出版社，2008：311-312.

② 林祖华，论民生的内涵和特点［J］．理论与改革，2012（3）：15.

③ 柳礼泉，黄艳，丁蕾．我国民生问题的结构层面与关涉内容析论［J］．岭南学刊，2010（1）：108.

民生是一个涉及社会和谐与发展的问题，因此，民生的内容应包含民生供给的产出与社会财富的分配两个层面，应强调社会制度建设，尤其是社会分配制度、社会保障与社会福利、公共服务等方面的内容；其二，民生是一个发展的概念，随着时代的发展与进步，民生的内涵和改善民生的方式方法是不尽相同的；其三，当前我们强调的民生是立足于总体小康基础之上的。与全面建设小康社会要求相对应的更高水平的民生，其内涵的丰富性、立足点的高起点性、着眼点的前瞻性是不言而喻的，因此，民生不再局限于物质层面，而是上升为以物质层面为基础、以精神层面为支撑、以制度层面为保障的系统工程。”① 此观点的精要在于民生除了物质与精神的需求应该被满足之外，制度确是可以使此种可能性转化现实的保障。

综上所述，学界对民生内涵的研究形成了如下两个特点：第一，基本坚持了民生概念的动态性理解，各种类型的界定无疑皆透露出民生内涵的多层级、多视角、多维度，杜绝了对仅从某一层级如物质层面等单一、狭窄地去理解和诠释民生内涵。当然，此观点之所以获得认可主要缘于民生问题的非静态性。第二，学界对民生的内涵的诠释，伴随着民生实践的深化而不断得以突破和逐渐系统化。也就是说，民生内涵的诠释已从宏大、抽象的生存、生活、生计，转向从人权、需求、责任、制度等方面立体式的诠释视野，呈现构建性的演进特征，这大大提升了民生领域的研究广度，拓展了民生研究的纵深度。基于以上的观点和思路，本研究对民生内涵做出如下的概括：广义上的民生是表示人民生存和发展的一种客观状态。此种状态的维持首先需要生产资料、生活资料以及精神需求得到满足，此种满足既是每个个人的基本权利，又是政府及个人的责任、义务和能力，它需要政府设计社会政策和制定具体制度

① 赵中源，梅园．回顾与反思：理论界关于民生问题若干问题的研究［J］．当代世界社会主义，2010（4）：103.

来实施和保障，最终达到人的全面发展的目标。

2. 关于民生的意义与价值研究

民生的意义与价值就是民生建设所带来的利益以及所产生的积极效用。研究成果主要集中在以下几方面。

（1）民生与执政合法性

执政合法性即执政的正当性，其实质乃是执政者能否获得群众信任和支持。民生建设是执政党获得执政权利的重要源泉，执政党能够保障并提升民众的生存、生活质量显然可以获得执政的合法性。因此，学界把民生问题作为一个政治问题进行了政治学的考量。曹文宏认为，由于民生关联的是公平正义价值，民生问题凸显的则是政府提供公共服务的能力和行为问题以及制度安排问题，因此此时的政治已经不再是围绕权力、利益、斗争运作的政治，而是以把民生问题作为政治资源配置的中心。如果政府在民生建设上失分，则会面临执政合法性流失的危险。因此，建设民生型政府是民生政治之内在要求①。谢忠文则认为，民生政治观可以消解各种政治观念的分歧，实现政治观念的整合，当代中国的民生政治观实现了政治的本质的复归。民生政治既是一种政策工具，也是一种价值目标，它既累积了执政党的合法性，也充分反映了执政党的价值追求，消弭了现阶段的观念分歧②。有学者从现代国家的建构层面论证民生对于政权稳定的意义，申恒胜、王玲认为，"在目前中国现代国家的建构过程中，民生—国家的建构受到了前所未有的重视，人民也因而获得了前所未有的资源，在一定程度上达到了'藏富于民'的目的。这使国家在其内部形成了一种相对均衡性的稳定力量，从而使得即使上层权力出现崩溃或发生缺漏，下层权力也能有效地组织起来防卫，

① 曹文宏，民生问题的政治学解读：一种民生政治观［J］. 探索，2007（6）: 51-52.

② 谢文忠，民生政治观的谱系与建构［J］. 党政论坛，2013（1）: 35.

从而真正使国家保持稳定性和持续性”[①]。李湘敏在回顾了中国共产党领导民生建设的历程基础上，认为改善民生是中国共产党的历史任务，“改善民生、不断提高人民的生活水平是夺取革命胜利的重要保证，也是衡量中国共产党的政策主张和执政能力的尺度”[②]。刘鑫淼则从中国特色社会主义民生旨趣的高度认为，民生是中国特色社会主义所要到达的终极目标，民生是中国特色社会主义是非成败的检测标杆，因此“民生是一个关乎我们党执政之基是否牢固，进而影响中国特色社会主义事业成败的根本问题”[③]。

（2）民生与民主

由于民生关系到人的生存与发展权的权利保障问题，因此研究民生问题、解决民生问题无法回避民主问题。学者基本认可民生与民主建设之间相互建构的价值关系。李君如认为，民生是民主的出发点和落脚点，民生需要民主的保障。“任何一个国家，民主的实现都与这个国家人民现实的民生需求以及与此相适应的政治需求相联系。”[④]贺方彬在论证民生对于民主的价值作用时提出，“民生包含民主，民主是构成民生的核心要素，同时，民生是民主的现实作用机理和实现方式，是促进民主发展的主要动力”[⑤]。他进一步认为，民生可以激发人民参与政治生活，可以训练人民民主能力，有利于协商民主的建构。林尚立认为，中国选择了一种民主与民生相结合的稳健的民主化战略，此战略重视民主化的民生政绩。如果没有民生政绩，民主不过只是一种抽象的原则。当然，追求民主化的民生政绩的关键不在于以民主的工具性去解决民生问

① 申恒胜，王玲 . 民生—国家：现代国家建构的一个重要维度［J］. 理论与改革，2007（3）：12–13.

② 李湘敏 . 改善民生是中国共产党始终如一的奋斗目标［J］. 福建师范大学学报（哲学社会科学版），2011（3）：15.

③ 刘鑫淼 . 论中国特色社会主义的民生旨趣［J］. 学术论坛，2011（5）：31.

④ 李君如 . 民生与民主：兼论人民政协在社会建设中的民主监督职能［J］. 人民政协理论研究会会刊，2010（3）：30.

⑤ 贺方彬 . 中国社会转型语境下民主与民生的关联性探析［J］. 学术论坛，2011（10）：20.

题，而在于民主中是否渗透出民生建设中所体现出的以人为本的精神和原则[①]。

（3）民生与社会公正

社会公正是社会的首要和基本的价值。民生问题就是百姓最关心、最直接、最现实的生存与发展的切身利益，而这些问题却大都关涉社会公正。而社会公正的失衡问题却又大多集中在民生领域，因此保障和改善民生具有实现社会公正的促进价值。张铭认为，解决民生问题乃是实现社会公正的重要路径之一[②]。李亚彬认为，“只有在经济发展和社会财富不断增加基础上，切实解决事关人民群众切身利益的问题，向群众提供基本医疗卫生服务，建立健全保障性住房体系，改善生态环境质量，满足群众的基本需求、保障人民的基本生活，才能实现社会利益的相对均衡，减少社会冲突”[③]。田广兰基于伦理学的视角认为，民生问题的解决首先要解决的前涉性问题是遵循何种伦理原则，而公正就是此种伦理原则之一。她进一步论证认为，当下中国人民的基本温饱问题即生存问题基本上得以解决，但是整个社会却由于缺乏公正而被一股“正义的愤恨”（resentment）所笼罩。此种情绪必然成为影响社会秩序的重要因素，“因此，只有公正的民生制度和公正的民生实践，才可能逐渐减少这一既影响公民生活质量又妨碍社会秩序的负面情绪及行为”[④]。

3. 关于民生主义的研究

自1905年孙中山正式提出三民主义以来，学界对民生主义的研究此起彼伏，没有间断，对于民生主义思想研究的文献相对较多，可分为晚清、民国、新中国三个研究阶段。而本研究选取了改革开放以后的研

---

① 林尚立．民主与民生：人民民主的中国逻辑［J］．北京大学学报（哲学社会科学版），2012（1）：11.

② 张铭．在体现社会公正中解决民生问题［J］．理论探索，2007（6）．

③ 李亚彬．论民生对于中国特色社会主义的意义［J］．马克思主义研究，2008（7）：83–84.

④ 田广兰，公正与关怀：民生制度与实践的伦理原则［J］．道德与文明，2011（3）：48.

究成果进行梳理，因为改革开放的解放思想潮流给学界的研究带来了客观和科学的再审视精神。概而言之，研究成果主要集中在以下三点。

（1）民生主义的主要内容

关于民生主义的主要内容，学界有四种界定：第一，“土地—资本说”。此种观点较为普遍，得到多数人的认可。主要依据源自孙中山在《中国国民党第一次全国代表大会宣言》中对民生主义的论述；第二，“社会主义—资本—土地说”①；第三，“土地—资本—实业—教育说”②；第四，“民生—实业—均等—土地与资本说”③。后三种界定主要是依据孙中山对民生主义论述的不同解读而得出的结论。

（2）民生主义的性质

对于民生主义的性质学界的研究结论并不一致，新中国建立初期的学界基本认可民生主义资本主义性质。1955年，李时岳提出了民生主义非科学社会主义，而是属于资产阶级的社会主义的观点。张海鹏进一步论证认为，民生主义的本质逻辑是建立一个资产阶级领导的国家社会主义即资本主义④。也有部分学者认为民生主义属于主观社会主义和空想社会主义。有学者认为，民生主义是孙中山社会主义思想的具体体现，是对马克思主义的继承⑤。董志国认为，“如果不从完整体系而只就某些基本要素及其发展趋势来看，民生主义的最后形态中已经显现出中国化科学社会主义的胚芽”⑥。董四代则认为“民生主义是把现代化与社

---

① 何兹全．纪念孙中山先生诞辰130周年：民生主义的真谛［J］．北京社会科学，1996（4）：44.

② 程美东．孙中山的民生主义理论［J］．人文杂志，2002（3）：130.

③ 郑大华．论“民生主义”的内容及其当代意义［J］．学术月刊，2009（7）：107.

④ 张海鹏．孙中山社会主义思想研究评说［J］．历史研究，1991（5）：52-66.

⑤ 杨荣．从民生主义思想到社会主义本质理论的实践［J］．当代世界与社会主义，2006（6）：78.

⑥ 董志国．民生主义：社会主义中国化之嚆矢：论民生主义思维径向及其基本性质［J］．湖南行政学院学报．2005（6）：53.

会主义融为一体的社会思想，是中国特色社会主义的早期形态”[①]。由此可见，学界对此问题的研究越来越倾向认为民生主义所具有的社会主义性质。

（3）民生主义的当代价值

民生主义是第一个具有现代意义的充实完备的民生主义思想体系，它对中国社会尤其今天这个民生问题凸显、注重民生保障和民生改善的时代无疑具有积极的借鉴参考价值。学界对此进行了积极探讨研究。姚锡长、崔华前从民生史观的角度论证了民生主义的当代价值，“民生史观已经注意到两种生产中物的生产与人的生产之间的互相影响、互相作用，把社会经济、人民的生活和人类的生存提到人类历史活动的中心的高度，从历史活动主体即人的视角表述人类社会发展规律，有助于克服只重视物质生产而忽视人的全面发展的错误倾向，促进人们树立科学发展观，提高构建社会主义和谐社会的能力”[②]。郑大华认为民生主义的思想意义在于，执政者应把民生问题作为制定政策的出发点和归宿；生产力是解决民生的决定力量；处理好效率和公平之间的关系[③]。程霖、宋双杰把民生主义和中国模式进行了对接，认为民生主义从“立足民生，以人为本谋发展”等六大战略影响了中国模式[④]。董四代则是从民生主义对中国特色社会主义的影响视角阐释了民生主义的价值。他提出民生主义是孙中山在批判地借鉴西方文明的基础上，对中国现代化道路的积极探索，在此基础上提出了民生主义的伟大构想，并将其视为社会发展的崭新目标，这对中国特色社会主义建设积累了宝贵的思想材料[⑤]。

---

① 董四代．民生主义与中国特色社会［M］．北京：中央编译出版社，2011：338.

② 姚锡长，崔华前．孙中山民生史观对传播马克思主义唯物史观的贡献及其当代价值［J］．学习论坛，2005（8）：66.

③ 郑大华．论“民生主义”的内容及其当代意义［J］．学术月刊，2009（7）：113.

④ 程霖，宋双杰．中国模式的历史先声：孙中山的民生主义发展战略［J］．财经研究，2012（6）：113–123.

⑤ 董四代．民生主义对建设中国特色社会主义的启示［J］．江淮论坛，2011（2）：57.

4. 中国特色社会主义民生观的研究

党的十七大明确提出中国特色社会主义理论体系以来，国内学术界把民生观念作为中国特色社会主义理论体系重要组成部分而进行研究。围绕中国特色社会主义民生观念的思想基础、基本内涵、基本体系和价值功能等方面，展开了初始建构。

（1）中国特色社会主义民生观的思想基础

中国特色社会主义民生观念的思想基础，所探究的是民生理论的理论依据，这是民生理论的首要研究任务，此问题得不到恰当的理清，中国特色社会主义民生理论便成了无本之木、无水之源，也就无法获得建构的合法性支撑。就目前掌握的资料分析，以中国特色社会主义民生理论的思想基础为研究对象的体系研究明显偏少。这与学界对此问题的认知一致性不无关系。也就是说，学界对此问题的探究分歧较小。主要代表观点有以下几种。

①“革命—建设—改革来源说”

有部分学者认为，“中国特色社会主义民生观，是中国特色社会主义理论体系的重要内容。其生长于新民主主义革命、社会主义革命和建设、特别是改革开放的伟大实践之中；贯穿于毛泽东思想、邓小平理论、‘三个代表’重要思想和科学发展观等重大战略思想之中”[①]。

②“马恩列斯毛加改革开放实践来源说”

有学者提出，“中国特色社会主义民生观是对马克思主义民生思想的继承和发展”；“是对社会主义民生建设经验教训的总结”，尤其是对苏联民生模式的鉴戒；“中国特色社会主义民生观在中国改革开放伟大实践中形成”“实行改革开放，首先是民生问题使然。其实质就是要通过解放和发展生产力，实现国家现代化，让中国人民富裕起来，用民生

① 窦孟朔，苏献启，范拥军，等．论中国特色社会主义民生观［J］．河北师范大学学报（哲学社会科学版），2009（1）．

建设的伟大成就来诠释社会主义的优越性”[①]。

③“传统民生—马列民生—毛泽东民生来源说”

潘玲霞认为，“中国特色社会主义民生思想传承了中国文化中的民本思想，又与马克思主义、毛泽东思想一脉相承”。质言之，“中国传统文化中的民本思想及近代资产阶级民生思想”“马克思主义理论体系中的民生思想”“毛泽东思想中的民生观”，分别构成了中国特色社会主义民生理论的历史文化根基、重要理论源头和直接理论源泉[②]。

以上三种解说各有特色，但又似乎给人意犹未尽之感。“革命—建设—改革来源说”，从形式上讲是一种单纯的以中国共产党的民生思想的逻辑演进为基准的探视，此种界定缺陷在于思想渊源的单一性、直线式的无根性，没有体现出科学社会主义这个母体指导思想，更没有发现中国传统文化中的民生思想的精髓。“马恩列斯毛加改革开放实践来源说”是对“革命—建设—改革来源说”的延展，此说一改“革命—建设—改革来源说”给人无根悬空之感，追溯到了马克思主义和苏联民生理论等社会主义民生思想和实践。此种界定突出了社会主义的性质，但是继续忽视中国传统民生文化，即“中国化”体现不足。“传统民生—马列民生—毛泽东民生来源说”，相对而言，探讨较为全面、系统，但是却忽略了“改革开放的民生实践”对中国特色社会主义民生理论建构性意义，出现了民生思想基础的断裂。基于以上三种解说，中国特色社会主义民生理论的思想基础应该界定为：以马克思主义民生思想为指导，根植于中华民族优秀传统民生文化土壤之中，勾连中国共产党在新民主主义革命时期、社会主义革命建设时期所形成的民生理论，浸润在改革开放的民生实践中，而架构起的既具有民族特色又具有马克思主义普遍真理性的社会主义民生实践的理论成果。

---

① 窦孟朔．树立和践行中国特色社会主义民生观［J］．科学社会主义，2009（4）．

② 潘玲霞．中国特色社会主义民生思想探析［J］．武汉理工大学学报（社会科学版），2009（3）．

（2）中国特色社会主义民生观的含义

学界对中国特色社会主义民生观念基本含义的讨论较为丰富，视角较为开阔，论证场域各不相同。由此，形成了众家之观，渐次构建出了“民生范围界定说”“民生性质界定说”“民生特征界定说”和“民生类型界定说”等观点。

①“民生范围界定说”

部分学者基于一般意义上的民生含义的狭义和广义界定法，认为中国特色社会主义民生观可按此法进行界定，认为“狭义的中国特色社会主义民生观，是指不断满足人民的生命、生存、生产、生活、生态等基本物质生活需求的思想和观点”；“广义的中国特色社会主义民生观，就是立足中国社会主义初级阶段的基本国情，顺应人民愿望，坚持科学发展，不断满足人民日益增长的物质文化需要，不断提升人民的生命、生存、生产、生活及生态环境质量，保障人民各项权益，促进人民共同幸福和全面发展的基本思想和观点”[①]。此种解说，在其实质意义上，根本是依据民生所涵盖的范围而定论的。狭义上的民生仅指物质上的需求，广义上的则包含了物质、精神、权益等多方面的需求。

②“民生性质界定说”

这部分学者依据民生的理论与实践性质，把民生分为“民生”和“改善民生”两个层级。“中国特色社会主义民生观，一般地说，就是对于中国特色社会主义民生的基本观点和根本看法，内涵极为丰富，但基本包含有既相互联系、又相互区别的两个方面的内容：一是对什么是中国特色社会主义民生的看法和观点；二是对怎样保障和改善中国特色社会主义民生的看法和观点。”[②]

---

① 窦孟朔，苏献启，范拥军，等．论中国特色社会主义民生观［J］．河北师范大学学报（哲学社会科学版），2009（1）：6.

② 贺方彬．论中国共产党人对中国特色社会主义民生的探索，信阳师范学院学报（哲学社会科学版），2011（1）：5.

③“民生特征界定说”

这部分学者更加强调民生的动态性和持续性，依据这两大特性提出，“中国特色社会主义民生观作为中国特色社会主义理论体系的重要内容，指的是当代中国共产党人在领导中国特色社会主义现代化过程中所形成的关于民生问题的基本观点和根本看法”[①]。“中国特色社会主义民生观具有历史性与现实性的统一、主导性与参与性的统一、递增性与逐层性的统一、全面性与协调性的统一等基本特征。”[②]

④“民生类型界定说”

此观点依据民生建设的一般规律，对其在不同时期所表现出的不同的样态，将民生由低到高分为“生存型民生”“发展型民生”“和谐型民生”三种类型[③]。我国自从踏上中国特色社会主义道路以来，三种类型民生建设依次演进，表明中国特色社会主义民生思想随着中国特色社会主义理论体系的不断丰富而日益完善。

（3）中国特色社会主义民生观的体系建构

中国特色社会主义民生理论的结构问题，关系到中国特色社会主义民生理论体系的建构问题，对此问题的研究，学界并无一致的认定，中国特色社会主义民生观尚未形成确切的体系结构。学界主要形成了静态的“理论体系要素架构说”和动态的“民生理论演进架构说”。

①“理论体系要素架构说”

此观点主要基于从组成理论体系所包含的基本要素入手，探究中国特色社会主义民生理论体系。有学者提出，中国特色社会主义民生结构包括民生建设主体、民生建设目标、民生建设原则、民生建设途径、

① 韩文乾．试论中国特色社会主义民生观的基本特征［J］．河北师范大学学报（哲学社会科学版），2012（5）：49–52.

② 韩文乾．试论中国特色社会主义民生观的基本特征［J］．河北师范大学学报（哲学社会科学版），2012（5）：49–52.

③ 庞超．生存型·发展型·和谐型：中国特色社会主义民生思想的形成、创新与完善［J］．求实，2010（1）：47–50.

民生建设保障、民生建设标准等方面的内涵[①]。有学者则以民生建设的目标、途径和动力机制三个重要方面勾勒中国共产党民生思想的基本框架。[②]还有学者更进一步提出，中国特色社会主义民生，"主要涉及中国特色社会主义民生的内容、发展、内涵、本质、特征、结构、价值、功能、地位以及建设的主体、途径、原则、方法等一系列问题，对这些问题系统的回答就形成了中国特色社会主义民生观"[③]，但是并未做出具体而系统的论证。不过，此种观点所提出的思路却值得借鉴与开掘。有学者沿此逻辑，从"理论依据和行动指南""前进方向和奋斗目标""基本内容和具体要求""基本原则""制度支撑依据""基本途径"等方面做出了探索与阐释[④]。

②"民生理论演进架构说"

民生问题是中国共产党始终萦绕于心的核心问题，但是在不同的历史阶段，党对民生问题的关注层次有不同侧重，这就形成了既有继承又有发展的党的民生思想体系。部分学者从中国共产党的民生理论演进的视角发掘中国特色社会主义民生结构。此结构基本上依据中国特色社会主义道路开创以来党的中央领导集体的转换而形成了民生观念的"三级形态"。有学者将其概括为邓小平的经济中心的民生观，江泽民的"始终代表最广大人民的根本利益"观，胡锦涛的"以人为本"观[⑤]；有学者则将其阐释为"共同富裕""代表最广大人民的根本利益""和谐社

---

① 窦孟朔，苏献启，范拥军，等.论中国特色社会主义民生观[J].河北师范大学学报(哲学社会科学版)，2009(1)：6-9.

② 庞超.生存型·发展型·和谐型：中国特色社会主义民生思想的形成、创新与完善[J].求实，2010(1)：50-51.

③ 贺方彬.论中国共产党人对中国特色社会主义民生的探索，信阳师范学院学报(哲学社会科学版)，2011(1)：5.

④ 卢继元.中国特色社会主义视域中的民生问题与改善[J].理论学刊，2012(1)：76-78.

⑤ 臧乃康.民生思想与社会主义思潮及其在中国的发展[J].南通大学学报(社会科学版)，2009(4)：39-41.

会”[①]；有学者将其概括为“三个‘有利于’”“三个代表”“以人为本”[②]；有学者则将其界定为“共同富裕观”“‘三个代表’观”和“以人为本观”[③]等。然而，无论何种论证，皆没有脱离“三级形态”的范畴。学界以“民生理论演进”主线探讨中国特色社会主义民生观念体系成果的居多，多是由于这可明确中国民生建设的社会主义性质和中国共产党的主导性，以及此领域丰富的资料和清晰的演进脉络更容易把握与掌控等。

（4）中国特色社会主义民生观的价值意蕴

改革开放30余年的实践进程，伴随着中国民生的持续改善，造就了中国特色社会主义民生观念。如此一个具有时代特质的民生观，对于中国特色社会主义体系的丰富与充实，对于中国特色社会主义民生建设的理论指引皆存有重大的价值意蕴。

①深化了对中国特色社会主义建设规律的认识

中国特色社会主义是中国共产党在科学社会主义的指导下，立足中国实际国情，进行现代性构建而形成的理论与实践的中国式创议。民生则是贯穿这个理论和实践的逻辑主线之一。质言之，中国特色社会主义建设源于民生诉求，其过程在于解决民生问题，终极目标依然是民生改善。因此，中国特色社会主义民生观油然而生。中国特色社会主义建设，由此获得了“关注民生”“重视民生”“改善民生”的运行规律。“改革开放以来，以邓小平、江泽民、胡锦涛为代表的中国共产党人创造性地探索和回答了什么是中国特色社会主义民生、怎样保障和改善中国特色社会主义民生的问题，逐渐形成和发展了中国特色社会主义民生观。不断地探索和回答什么是中国特色社会主义民生、怎样保障和改善中国特色社会主义民生是我党推进民生理论创新和民生实践发展的基本经

① 瞿晓琳.中国特色社会主义民生思想的世界视角［J］.党史文苑，2010（12下）：43.

② 徐士元.中国改革开放30年民生观的演进［J］.浙江海洋学院学报（人文科学版），2011（5）：28–29.

③ 杨娜.中国共产党民生建设的进程、经验及启示［J］.广西社会科学，2011（12）：12–13.

验。"[①] 多数学者认同以上的观点。有学者提出中国共产党人的中国特色社会主义民生观，"不仅回答了什么是现代民生，而且回答了建设怎样的民生和怎样建设民生，是马克思主义中国化新的理论成果，是中国特色社会主义理论体系的重要组成部分"[②]。有学者进一步提出，由于民生具有的真理与价值性的统一性，因此，可作为检验中国特色社会主义建设是非、得失、成败的有效标准。民生标准体现出客观标准与主体标准的有机结合。不但如此，有学者把民生论证为中国特色社会主义现代化的核心问题，而民生问题的解决须在社会主义与现代化统一中获取[③]。在此理论基础上，有学者提出"改善民生是中国特色社会主义理论体系的基本依据和核心内容，以改善民生为基本立足点，推动人的全面发展则是价值目标。改善民生的实践是检验中国特色社会主义理论体系真理性的一个重要标准"[④]。这"不仅证明了中国特色社会主义理论体系的真理性，而且现实地展现了中国特色社会主义与资本主义不同的本质特征"[⑤]。

②升华了中国共产党的执政理念

有学者提出，"民生状况是影响政权兴衰更替的重要因素"[⑥]。中国共产党执政地位、合法性的源泉皆来源于对民生的重视与改善。中国特色社会主义现代性建设进程中，中国共产党的执政合法性的关键要素是执政的效果，而执政效果的根本体现在于人民的生存与发展的不断得以

---

① 贺方彬．论中国共产党人对中国特色社会主义民生的探索，信阳师范学院学报（哲学社会科学版），2011（1）：5.

② 窦孟朔，苏献启，张瑞，等．论十六大以来中国特色社会主义民生观形成发展［J］．科学社会主义，2011（2）：107.

③ 董四代．民生主义与中国特色社会主义［M］，北京：中央编译出版社，2011：344-355.

④ 蔡卫华，谭培文．改善民生是中国特色社会主义理论体系的基本问题［J］．广西社会科学，2012（5）：7.

⑤ 蔡卫华，谭培文．改善民生是中国特色社会主义理论体系的基本问题［J］．广西社会科学，2012（5）：11.

⑥ 李亚彬．论民生对于中国特色社会主义的意义［J］．马克思主义研究，2008（7）：81.

行进即民生改善。党的十六大以来，中国共产党已将民生作为核心的执政理念和执政目标，千方百计解决民生问题。这表明，中国共产党的执政理念已开始由单一追求发展，转型为改善民生这个发展终极价值目标上来。所以，有学者认为，中国特色社会主义民生观不但构成了党执政兴国的价值取向，而且已转化为执政为民的第一要务[①]。有学者深层次地论证了民生执政理念的人本导向，提出“确立以人为本的价值导向，就必须转换官本位、权力本位意识，树立权利本位观念”[②]。这不仅有利于推动社会公平正义，而且能够使践行科学发展与改善民生统一于中国特色社会主义建设之中[③]，并透露出“深厚的伦理意蕴，是科学发展观的道德内涵和伦理精神的现实体现”[④]。

③指引了中国特色社会主义民生建设的实践

中国特色社会主义民生观念的演变理路与逻辑结构，乃是对现代性进程中民生建设实践的理性反响。它不仅提升了社会主义民生理论的优秀品质，而且还为推进我国的民生建设指明了具体的实践指引。有学者认为，民生与现代性成长关联密切，中国特色社会主义民生观具有缓解社会分裂，并“在工业化与信息化、工具理性与人文关怀、经济发展与人们生活、效率与公平、分化与保障之间保持必要的张力”效力[⑤]。有学者提出，中国特色社会主义民生观引导民生价值诉求的转换，即“从‘效率优先，兼顾公平’的原则转向‘效率与公平并举，以公平为主’的原则”；“从‘市场平等为主’”的原则转向‘市场和社会并举以社会统筹发展为主’的原则”；“从‘个人发展’原则转向‘社会和谐’

① 刘良军．论中共九十年来的“民生观［J］．中共云南省委党校学报，2011（3）：16.

② 孙学玉．当代中国民生问题研究［M］．北京：人民出版社，2010：354.

③ 冯振萍．改善民生：科学发展观的价值诉求［J］．广西社会科学，2010（7）：12–13.

④ 罗建文，王霞．中国特色的民生伦理论纲［J］．重庆大学学报（社会科学版），2008：14，（1）：16.

⑤ 董四代．民生主义与中国特色社会主义［M］．北京：中央编译出版社，2011：296.

原则”①。有学者还提出，中国特色社会主义民生理论“为建设服务型政府提供了重要理论支撑”②。

（三）研究现状的评述

总体而言，学界对民生思想的研究视角多样，成果丰富，但是在把民生实践转化为民生观念，沉淀为民生文明的研究上仅属于初始发掘，研究的视野与场域较为宏观。为此，对此领域的研究不应囿于现有理论成果的“预构”之中，而必须是随着中国特色社会主义理论体系的完善和中国民生建设实践的推进而进行更深层次的透析。

1. 民生观的体系研究

目前，学界对中国社会主义民生观体系的建构，主要分为静态的“理论体系要素架构说”和动态的“民生理论演进架构说”两种。用此两种建构方法所建构起来的民生观体系，给人以过于宏观之感。学界关于中国社会主义民生观的论说，尚未真正穿透现代民生观的深层次。因此，对于民生观念的研究，应该另辟蹊径进行理论的拓荒，从民生的基本内涵之中寻求民生观念体系的建构，即“内涵要素体系建构法”。质言之，首先应理清民生的基本内涵，内涵中包括哪些要素，如民生指人民的生活和发展等，那么用“内涵要素体系建构法”论述民生观，就应该包涵“人民生活观”与“人民发展观”等。如果民生观是原生观念，那么“人民生活观”与“人民发展观”等就属于次生观念。以“内涵要素体系建构法”搭建中国社会主义民生观体系，是基于对民生的看法与观点即民生观，既保障了理论的逻辑严密与自洽性，凸显了民生观的深刻性，又立足于活生生的民生现实之中，表现出了民生观的实践特质，从而勾勒出中国社会主义民生观演化进程的规律性。

① 钱伟 . 论中国特色社会主义民生观的价值取向［J］. 理论前沿，2009（15）：28.

② 张弥 . 论中国特色社会主义民生理论的初步形成［J］. 中国特色社会主义研究，2009（6）：104.

2. 民生观的转型研究

学界对中国社会主义民生观的形成文本梳理与描述较多，但对于转化机理与规律的探讨却寥寥无几。一方面，中国特色社会主义民生观正处于建构进程、转型中，现有的观念体系既有传统规定性的民生观，又属于发展中的现代性民生观。因此，对于中国特色社会主义民生观的建构应该形成开放心态，继续使其完成现代性的转型。另一方面，学界过多关注中国特色社会主义民生观源于中国的传统民生思想、马克思主义的民生思想，甚至是西方的某些民生理论，但是这些思想是通过何种机制转化而成的？即对改革开放 40 年来中国特色社会主义现代性进程中民生观内在结构的转型规律、途径、客观过程等，缺乏足够的逻辑检验和历史清理。

3. 民生观的核心价值研究

学界鲜有对此问题的研究，而是过多地探讨中国社会主义民生观的基本价值。民生观的基本价值在中国社会主义民生价值体系中处于最基本的层次，构成了民生观念价值的基础。而建构中国社会主义民生观的核心价值，即意味着如何去论证民生观的中国特质和社会主义特质。换言之，需要比对西方的民生价值体系，论证有别并平衡于西方现代性民生的核心价值的中国特色社会主义民生现代性构建的一组核心价值体系。此组价值体系既体现出中国特色，同时其属性、功能及其发展与人民群众的生存、发展的诉求相一致，并对实现、维护和发展人民群众的根本利益发挥效用。

## 三、研究思路和主要内容

### （一）研究思路

本研究将沿着“横向分析—纵向梳理—现实检视—理论探究”的逻辑路径进行开掘。第一，横向分析，即从中国现代性与西方现代性的勾连与差别及相关问题的系统阐释，探究中国以民生为始基的现代性建构，是如何觅求到与马克思主义的“历史契合点”，并逐步确立起中国现代性建构民生取向的生成逻辑的。第二，纵向梳理，梳理从 20 世纪初孙中山明确提出民生主义到 1976 年“文革”结束期间的民生观念的演化进程。第三，现实检视，检视在中国特色社会主义现代性建构进程中，民生观念是如何基于中国民生建设的现实获得新生进而实现现代性转型升级的。第四，理论探讨，提出中国现代社会组织蓝图中的民生观念在其内涵、形态、价值以及实现途径上将继续得到延展；讨论中国现代性建构进程中民生观念转型升级的建构机理与建构规律。

（二）主要内容

第一章，导论，主要阐明本研究的选题缘由、背景和选题价值；对于相关的研究文献、研究动态进行了梳理总结；最后提出了本研究的主要研究思路与研究内容，研究方法和创新之处。

第二章，中西现代性建构的始基比对，民生“元命题”的合法性。主要探索中西现代性建构的基本价值的差异性，通过中西现代社会组织蓝图的比对，获得中西现代社会组织蓝图的差异。目的在于揭示中国现代社会组织蓝图中以“民生”为始基的历史必然性，与民生“元命题”在中国现代性构建进程中逻辑主题的合法性。

第三章，中国现代性时域中民生观念的萌发与异化，主要对民生进行历史渊源分析。探析了从孙中山明确提出民生主义的概念，到改革开放前这段时期内民生观念的演化主要经历了一个从提出到逻辑主题的转化再到建构的异化进程。改革开放前现代民生观为改革开放后中国共产党矫正民生观念的异化，实现对民生主义的接续与转型，提供了理论指引和经验。

第四章，改革开放进程中社会主义民生观念的矫正与转型，改革开放 40 年的现代性建构历程是社会主义民生观的重要发展期，它不但矫正了“文革”时期民生观念的异化，而且实现了对民生主义的接续与重写，揭示了改革开放的进程与民生观塑造的进程具有双向互动性，进而形成了以经济民生、政治民生、文化民生、社会民生和生态民生为内涵的“五位一体”的社会主义民生观。

第五章，中国现代性时域中民生观念的跃迁，提出了中国现代性时域中社会主义民生观念的未来建构逻辑理路。主要阐释中国现代社会组织蓝图中的民生观念将从健康、休闲等内涵方面，生存型到发展型、政府主导到共建共享的形态层面，社会主义主流意识形态等功能层面继续得以重构的趋势。

第六章，中国现代性时域中民生观念建构机理与规律，中国现代性时域中民生观念转进建构的逻辑进程既体现出民生观念的历史性，又彰显着它的共时性。那么如此的建构路径以及各逻辑进路之间是以何种方式进行连接而又协调发挥各自功能的呢？它遵从的又是何种组建准则和规范呢？这两个问题实际上所关涉的一个是民生观念建构的机理问题，一个是民生观念建构的规律问题。现代性和历史唯物主义引领了民生观念的时代定位和未来规划，它们所呈现的恰是民生观念建构进程中隐藏于逻辑深处而又一以贯之的道理和秩序。

## 四、研究方法与创新之处

### （一）研究方法

#### 1. 文献研究法

通过对中国、西方、马克思有关现代性和民生相关历史材料、文本的整理、归纳和解读，对民生观的历史源流、近代发展、现代要求、未来方向进行了系统地阐释。

#### 2. 比较分析方法

通过中国现代性与西方现代性构建横向价值的对比及相关问题的

系统阐释，揭示中国现代性建构民生取向的生成逻辑；通过纵向梳理从20世纪初到改革开放前的民生观演化进程和改革开放以来民生观的转型以及未来的提升，说明“民生”作为中国现代性建构的基本目标之一具有历史必然性，并为“生存型民生”向“发展型民生”的跨越提供学理上的解释。

3. 多学科交叉法

本研究将进行多学科、多角度综合研究，涉及马克思主义哲学、政治学、社会学、伦理学、经济学等相关学术领域，其中将涉及社会学理性选择理论、发展伦理学的观点、经济学中的博弈论等相关知识、理论与研究方法，拓展与深化了研究视野与深度。

4. 统计分析研究法

本研究将根据所获得的相关数据进行统计分析并进行数理实证，从而验证在民生复杂观念的演变进程中逻辑的转换，以及与具体民生政策和民生实践之间的内在关联。

### （二）创新之处

1. 研究视角的创新

本研究以现代民生观念内涵的演变轨迹为“基线”，以民生主体从事并推进民生实践，民生实践生成民生文明，沉淀民生价值，民生文明与价值重新作用于民生主体的逻辑演进范式，深层级逻辑验证和历史清理，为中国现代民生观念建构、中国社会政策的制定以及民生治理模式的转型升级提供了较为可靠的经验证据。

2. 研究内容的创新

民生观念作为对民生与民生问题及其发展规律的总的看法和根本观点，具体包含哪些内容？本研究将突破已有的研究内容，从民生观念的内涵、形态、功能、实现路径等方面，基于科学性、价值性与建构性相统一的基本原则进行检视与展望。尤其对中国社会主义现代性进程中民生观的内在结构的建构机制与建构规律进行研究，提出现代科学民生观念历经概念提出——主题偏重——轴心回归——逻辑异化——归化本真的不同阶段，并对象化为“民生主义”逻辑、“民族民主革命”逻辑、“生产”逻辑、“革命”逻辑，终而形成“五位一体”的逻辑格局。这个转型进路受到现代性和历史唯物主义形塑、组建和规范的影响，它们共同引领了民生观念的时代定位和未来规划，从而使得民生观念的建构活动成为一个合目的性与规律性的运动进程。

3. 研究观点的创新

本研究将试图提出一系列较有新意的观点：第一，论证了中国现代性的“民生元命题”的合法性，并凝练提出了中国现代性建构中的“民生自觉”概念；第二，提出了民生内涵的层次性，并概括为物质民生、权益民生、文化民生、社会民生、生态民生“五位一体”的民生观念内涵；第三，提出了民生观念将成为社会主义意识形态建设的重要思想资源，阐述了民生观念教育应进入当前主流意识形态教育领域中的必要性。

4. 研究方法的创新

本研究部分内容的论证采用了统计分析的实证研究方法，旨在尝试突破对于思想研究中的传统方法过多地局限于对主要人物和经典著作的解读。而且主要通过逻辑上的归纳和演绎概括出思想或观念的嬗变、特征、类型等。传统方法研究容易造成对人物和著作解读的主观局限性，更为重要的是，逻辑推理能否符合鲜活的实践是值得讨论的。本研究利用关键词研究和数据库检索，根据检索表达民生观念的某些关键词，对现代时域中民生观念逻辑演变与重构进行实证解析，验证纯粹基于文本解读和逻辑推演所得结论的合理性，使得思想研究的结论可以得到数据支撑，从而验证民生观念的逻辑转换的复杂关系。

# 第二章　中西现代性建构的始基比对：民生“元命题”的合法性

中国与西方现代性的建构首要的和最基本的区别在于构建始基的不同。西方现代性的建构基石是个人和权利观念的确立，而中国现代性建构的“元叙事”则表现为有外国资本主义入侵而形成的中华民族求独立、求复兴和人民群众求生存、求发展的民族与民生诉求。这是中国特定的文化特质和历史语境所造就的，并区别于西方现代性构建的“多元现代性”的独特形式。当中国现代性构建的这个“民生元叙事”与马克思主义联系在一起时，两者之间内在的历史与价值契合性，并最终形成了中国在现代性构建进程中的逻辑主线。

## 一、西方现代性建构中的基本价值

在西方现代性的基本建构语境中，首要问题是文艺复兴以来，作为社会整合力量的宗教神学原有的合法性已经逐渐被资产阶级思想家所解构，其整合功能已经逐渐丧失；与此同时，资产阶级思想家们寻得了“主体的立法理性”作为替代物。这就意味着西方现代性建构的基本哲学依据已然形成，个人和权利的观念逐渐经由宗教改革和启蒙运动而得以确立。

（一）个人观念的发育

西方现代性是相对于西欧中世纪的封建旧体制而言的。“近代西洋文化，是从反中古宗教开始的。而近代人文主义之精神之发扬，从神转到人之思想之提倡，正是构成近代之异于中世之关键所在。”[①] 封建体制的主要特征表现为政治强制、等级关系和人身依附的肆虐，一切人均被赋予政治性质，而失去了自我和独立主权，这是由于“君主政体的原则总的来说是轻视人、蔑视人，使人不成其为人”[②]。个人完全被神权、君权和等级特权所淹没。也就是说，“实际发生作用的不是人，而是人的异化。唯一发生作用的人，即国王，是与众不同的存在物而且是被宗教神话了的、和天国与上帝直接联系着的存在物”[③]。欧洲中世纪的社会结构不过是被神权和君权确定为不同等级而又通过各种抽象的道德伦理所联结的“上帝设计的理性有机体”。作为启蒙运动和法国大革命所造就的时代意识和精神气质，现代性的开端在于以理性主义和人本主义为根基的主体精神的发现。从笛卡尔的“我思故我在”到康德的“人对自然立法”“人对道德立法”，完成了对主体性原则的确认，同时标志着现代性的总启蒙的终结。人在与上帝的角逐中，成功地确立了人自身现代的形象，中世纪的社会有机体也随之分崩瓦解。“而人只能以个体的生命方式表现，因此，个人就是主体，形成个人主义理念。”[④] 个人是自我创造和自我超越的存在，个人应该建立自主的自由意志，并按照自由意志来塑造自己。所以，现代性的精神气质是个人的自由和自决，占据现代社会中心位置的是个人，而不是那个超验的神。上帝的败退和以人为中心的“主体性凯旋”为西方现代性的发展拉开了序幕，个人主义作为现

① 唐君毅．文化意识宇宙的探索：唐君毅新儒学论著辑要［M］．北京：中国广播电视出版社，1992：264.

② 马克思，恩格斯．马克思恩格斯全集：第 1 卷［M］．北京：人民出版社，1956：411.

③ 马克思，恩格斯．马克思恩格斯全集：第 1 卷［M］．北京：人民出版社，1956：334.

④ 漆思．现代性的主体主义理念批判［J］．江西社会科学 .2006，（06）：25.

代社会的哲学基础和组织原则，在为新兴资产阶级的思想家们解决权利的来源这个能够解释现代社会组织原则的合法性的关键问题时，而获得了个人权利为人的天赋人权的现代性立场。从而最终得出了个人实则是权利的终极主体的结论。对个人的尊重是一切权利得以确立的基础，只有尊重个人，才能从个人那里发出权利的诉求。在西方，个人观念的形成与确立，意味着现代性的源起。

（二）权利观念的规范

在古希腊文化中，权利的是一个纯粹的法律观念。文艺复兴以后，权利在欧洲话语系统中逐渐地演化为“个人自主的正当性”。伴随着“世界的解咒”，个人主体性成为现代性的核心话语，而潜藏在主体性原则背后的权利意识立即被激活，并成为推动现代性逐步深化的精神催动力。为了摆脱封建专制制度的束缚，扫除资本主义发展的障碍，说明革命的合理性和可能性，新兴的资产阶级思想家们急需建立起资产阶级新法权，为推翻封建专制制度清理思想障碍。

从理论上看，奥古斯丁的“原罪”学说显然是维护神权、君权和等级特权的理论依据，因此，必须破坏支撑君主神圣地位的神学基础，否定蒙昧主义的宗教教条，以此来消除君主专制甚至是暴君专制赖以存在的根据。早期资产阶级思想家们的突破口就在于他们利用了西方权力思想中授权者即是取消权力者，来论证君权非神授。只要论证君权并非神授而是人授时，那么，取消这种权力的就不再是神而在于人本身了。社会契约理论以及与之相关联的自然法学说随之建立。社会契约论认为，国家无非是个人根据共同的协议契约而理性让渡自己部分自然权力而形成的。这种说法的实质就是把国家由神造物转变为人造物。

不过，社会契约论中关于国家起源说要想在逻辑上站住脚，有一个必须首先解决的问题，那就是人们为了缔结契约而放弃的那些权利是哪里来的。也就是说，为什么人们会有那些权利。对于这个原本是一个很难解决的问题，资产阶级思想家们用“天赋人权”进行了解答。天赋人权学说认为，人天生就具有某些权利，比如，生存权、平等权、自由权、财产权等权利是自然赋予的，是与生俱来、不言而喻和不证自明的。天赋人权的自然权利说构成了社会契约论的基石，没有天赋的自然权利，社会契约也就无从谈起。早期资产阶级革命时期的社会思想家继承了以往的自然法学说，特别突出了其中的自然权利说，使自然法学说与社会契约论结成为一个理论体系[①]。近代西方自然法的奠基人是荷兰的思想家、法学家格劳秀斯（Grotius），后经由英国的霍布斯、斯宾诺莎（Spinoza）、洛克和法国的卢梭（Rousseau）等思想家们的不断充实和完善。其中，自斯宾诺莎开始，思想家们比较倾向于诠释权利的自由属性；康德、黑格尔（Hegel）等则进一步把自由规定为权利的本质属性。天赋人权学说由此一跃成为西方现代社会的组织原则、立国之基、生活方式和至高无上的圣经法典。16世纪以来资产阶级思想家在此基础上开始主张通过限制政府权力保证个人自主，18—19世纪对个人权利的论证开始转入市场经济领域，即从商品经济中的平等等价值验证出了个人以及私有的正当性。

在西方社会中个人观念与权利观念是一对双生子，二者是现代性话语中始终环绕的中心价值。个人权利和工具理性成为政治、经济制度正当性的基础，一切传统社会的现代转型，其前提都是引进了个人和权利的观念，不过，最终它们都没能避免被选择吸收与重构的命运。

## 二、一种必然性：中国现代性建构中“元命题”的重构机理

多元现代性认为，现代性并非固定不变的，而是一个多维度、多层次，不断重构的综合体。中国的现代性建构由于其特定的文化特质和历史语境，决定了现代性必然包含中国民族的特点和文化个性。中国现

① 张传有．西方社会思想的历史进程［M］．武汉：武汉大学出版社，2005：142-144.

代性建构的前提是引进了西方现代性的两个基石，即个人和权利的观念，但是不成功的结局说明现代性绝非西方意义上的均质化，同时表明中国现代性建构必然发生转向，去寻得自身的核心价值。

### （一）普遍性与特殊性：现代性建构的多元生成及其理论根基

现代性一般来说是指自17世纪欧洲启蒙运动以来，由“主体性凯旋”所推演出的普遍的组织和制度形式以及社会生活方式的社会特质的总称。现代性虽源于西欧，但伴随着商品经济的发展和世界市场的形成，一切民族和国家皆难以避免地被卷入其中。作为一种全球性的运动，现代性的一个基本理论问题就是其普世与多元的问题。也就是说，现代性是单数的还是复数的？是普遍的还是特殊的？都有哪些“共相”？“异相”又是哪些？这些是非常具有争议性的问题。有的学者坚持现代性的西方标准，如美国的帕森斯（Parsons）将市场经济、民主政治和个人主义作为现代性的三大铁律；弗朗西斯·福山（Francis Fukuyama）的“历史终结论”认为，世界正在不断的均质化即资本主义化，进而使得西方的资本主义将最终成为“人类统治的最后形态”。而部分学者则强调，现代性的道路因民族和国家的特殊性而展示出独特性，并以此排斥现代性的共通价值。事实上，这两种观点皆存偏颇之处。

现代性作为一种全球性的现象，唯物史观告诉我们，人类社会的发展和人的活动如同自然世界的运动发展一样，并非不受任何支配地任意和盲目地发展，而是存在其自身的规律的。“现代性是现代社会或工业社会的缩略语”①，“不同程度地在世界范围内产生着影响”②，因而世界上没有一个民族和国家能够省略它。作为文明的标记和历史的必然选择，现代性的发展有其内在的支配其发展的共通性和普遍性。马克思在

① 安东尼·吉登斯，克里斯多弗·皮尔森．现代性：吉登斯访谈录［M］．尹宏毅，译．北京．新华出版社，2001：69.

② 吉登斯．现代性的后果［M］．田禾，译．南京：译林出版社，2000：1.

《共产党宣言》中分析、批判西方现代性时，曾明确指出了西方资本主义生产方式发展的普遍性，“资产阶级，由于开拓了世界市场，使一切国家的生产和消费都成为世界性的了……过去那种地方的和民族的自给自足和闭关自守状态，被各民族的各方面的互相往来和各方面的互相依赖所代替了。物质的生产是如此，精神的生产也是如此。各民族的精神产品成了公共的财产。民族的片面性和局限性日益成为不可能，于是由许多种民族的和地方的文学形成了一种世界的文学”①。现代性反映出了人类历史发展的统一性。

然而，现代性虽然具有一定的“共相”，但这并不意味着不同的民族和国家的现代性运动都是均质即西方化的。每一民族和国家的现代性都是在其特定的文化特质和历史语境中进行的，而文化的特质与历史语境的形成条件，以及在创造文化和历史进程中含有的主观能动性的差异，决定了现代性必然装载着自身的特点和个性。现代性实际上意味着自由、权利、民主、平等、博爱、富强、幸福等一组现代性的价值，不同的民族和国家，由于其特定的文化特质和历史语境，决定了对这些价值的优先选择机制是不同的。比如，英美注重自由与法制，法国突出民主，东亚注重富强②。价值优先性的差异必然造就出丰富多彩的现代性方案。

对后发现代性的国家来说，要想获得现代性的重构，关键是要解决现代性的普遍性和特殊性之间的勾连问题。既不可亦步亦趋地步西方之后尘，也不能故步自封；既不能完全嫁接西方现代性的方案，也不能完全排斥西方现代性的某些有益的价值和经验，而是要寻找到一条普遍性与特殊性相统一的适合自己的现代性道路。1840年，中国在西方列强的坚船利炮驱迫下，无奈地接受了现代性的洗礼。这个“舶来品”的

---

① 马克思，恩格斯.马克思恩格斯选集：第3卷［M］.北京：人民出版社，1995：276.

② 秦晓.当代中国问题：现代性还是现代化［M］//许纪霖.启蒙如何虽死犹生.北京：社会科学文献出版社，2009：54.

输入，却让先进的中国人发现了其进步性和光明的前途，随之开始关注并主动引进现代性。中国现代性建构所呈现的逻辑，就是一种不断突破西方同质化的圈禁，并形成多元化的表现形式和发展态势的现代性建构之路。质言之，中国现代性的建构呈现与西方现代性不同的起点、路径和进程；其所流露出的理论进路乃是中国传统文化与思维模式对西方现代性的重构。现代性在中国的演变和发展，并没有一味地遵循世界现代性的普遍规律，中国现代性的构建保持了自身的发展逻辑，形成了“中国现代性自觉”。

### （二）吸收与重构：中国传统思想文化对个人与权利观念的转化

#### 1. 中国传统思想文化中个人权利观念的缺位

中国传统的社会价值取向是个人的发展从属于社会的发展，个体的主体性只有在集体中才能得到体现和认同。所以，西方学者认为中国传统中“无我”。中国传统中所言的个体并非西方意义的权利、民主、法律上的那种作为独立实体存在的个人，而是一种社会关系的个人，即从属于某个群体（最基本的单位是家族），并在其中承担着某种道德角色的个人。因此，中国个人强调的是人伦理道德主体性。虽然孔孟儒家也强调个人的自信和自立精神，如“舜何人也？予何人也？有为者亦若是”，“当今之世，舍我其谁”，但其实质则是在讲个人对社会应尽的责任和义务，而个人的发展只有通过道德的修养而不是对权利的要求，才能获取平等而充分的条件，只有这样，个人才能体现出对社会秩序和社会发展的价值。而“礼”作为对道德主体自由的规范或者说是限制，实际上形成了一种对道德的外化。“但‘礼’一旦外化，也极易沦为当权者维持自身权力的工具。”① 当只强调个人的工具性意义时，主体的迷失

① 邹千江．冲突与转化：中国社会价值的现代性转变［M］．北京：中国传媒大学出版社，2008：132.

自然不可避免地发生了。对此，梁漱溟评论道："在以个人为本位之西洋社会，到处活跃着权利观念。反之，到处活跃着义务观念之中国，其个人几乎没有地位。此时个人失没于伦理之中，殆将永，被发现。自由之主体且不立，自由其如何得立？"① 因此，在中国近代以前，虽有顾炎武、黄宗羲、王夫之、龚自珍等启蒙思想家开始反省宋明理学，提倡对个人权利重视与个性的解放，但是，儒者伦理的国家信条难以解构，因此看来，中国传统思想文化中个人和权利的观念处于缺位状态，这既是中国现代性无法获得与西方现代性建构形同理路的文化因素，又宣示出中国现代性建构必然会走出一条与西方现代性完全不同的建构路径。

2. 中国传统思想文化对个人与权利观念的转换

自第一次鸦片战争开始，古老的中国被强行拖入到西方现代性的滚滚洪流之中，西方的炮舰政策和空前的民族危机给中国带来了数千年未有之大变局，使得中国人的自觉意识和历史使命感不断得到激活。由此，中国开启了与西方在政治、经济、文化方面的全面冲突与转化的进程。鸦片战争以后，中国与西方的接触突破了军事上的冲突，而扩展至经济、政治和社会生活的各个层面。"现代性最初是一种'外力的'强制方式，嵌入到中国社会结构之中的，使现有的中国的社会结构发生了裂变，在打破已有的平衡下，由被动到主动地接受现代性。"② 中国从睁眼看世界，转换为广泛地输入西方的观念，由此，西学东渐的进程全面启动。尤其是在中日甲午战争以后，中国的启蒙思想家们逐步完成了对个人与权利观念的接纳与重构。"五四"新文化运动之前，思想家对于西方现代性观念的引进、吸收是不彻底和并非完全西方意义上的，而是经过中国传统思想文化染色的。从康有为、谭嗣同的注重平等权利意识的伸张，到严复、梁启超、章太炎等以"仁"释平等，以"群己"释权

① 梁漱溟 . 中国文化要义［M］. 上海：学林出版社，1987：259.

② 秦晓 . 当代中国问题：现代性还是现代化［M］. 北京：社会科学文献出版社，2009：67.

利，由私推“公”等，这些对个人与权利形成系统的、深层的言说，实际上在处理个人与国家这个现代性的结构性论题上，都没有给予个体真正意义上的主体资格，而是被集体意义上的“国民”所取代。当然，除了中国传统思想文化的影响，中国当时的历史境域即抵御西方列强的侵略和殖民，空前的民族危难与屈辱，促使中国人的群体意识逐步觉醒，形成了群体中心秩序的诉求，则是另一个重要的核心因素。正如梁启超所言：“我中国今日最缺者而最继续者，在有机统一与有力统一之秩序，而自由平等直其次耳。”[①] 所以，不难看出，近代以来，中华民族独立和民族复兴的宏大叙事所书写的，都不是以具体的个人为中心，而是围绕民族独立复兴和民众生存、发展为中心的民生观念来展开的。

## 三、民生：中国现代性建构“元命题”的形成

中国传统思想文化对西方现代性核心价值的转化并不成功的现实，使得中国现代性的建构必然会进行下一个“尝试错误”。而彼时中国正由外国资本主义入侵而面临千年未有之社会危机，民生作为中国传统思想文化资源中的重要命题，必然会被人们作为整合社会力量的必要工具。西方现代性组织蓝图正当性吸引力的消弭，使得先进知识分子认识到吃饭权是当前中国社会所面临的必然要解决的首要现实问题。而以实现每个人自由全面发展为核心民生理念的马克思主义的引入，最终确立起了民生这个中国现代性建构的“元命题”。中国思想文化对西方现代性的舍弃与反抗，和对马克思主义持续地转化的二重奏，构成了中国现代性的构建机制，形成了“中国现代性自觉”即中国现代性的自身演变逻辑。它以民生为始基，是烙有中国文化价值与马克思主义印记的现代文明秩序。

---

① 梁启超．政治学大家伯伦知礼之学说．梁启超全集：第4卷［M］．北京：北京出版社，1999：1066.

## （一）中国传统思想文化中民生观念的辐射

与个人权利在中国传统思想文化中的缺位相反，民生却是一个重要而深刻的观念。早在《左氏春秋·宣公二十年》中，就明确提出了“民生在勤，勤则不匮”的思想，意思是人民的生活保障取决于勤劳，如果为生活而辛勤劳作就不会出现衣食等生活资料的缺乏问题。因此在最古老的民生观念中所透露出是一种具有浓厚人文气息的关怀和教化。《尚书·大禹谟》中的“德惟善政，政在养民”则提出了“养民”的治理理念，从此之后民生观念便被赋予了较强的政治治理和政治道德的意蕴。《尚书·五子之歌》中进一步提出“民为邦本，本固邦宁”的理念，认为百姓乃是国家之基，百姓安居乐业则国家社会稳定。孔子也同样认为，“道千乘之国，敬事而信，节用而爱民，使民以时，足食，足兵，民信之矣”（论语）。民生的价值再次得到进一步确认。战国时期的儒家学说则把民生观念提升至一个新高度，《孟子·尽心下》提出了“民为贵、社稷次之、君为轻”，深化了“民为邦本，本固邦宁”的理念；他还从以民生获民心的角度强调了其民本思想，“人心向背律：桀纣之失天下也，失其民也；失其民也，失其心也。得天下有道：得其民，斯得天下矣”。并且实现了民生与民本思想的融合，孟子不但以民生论证“仁”的思想，而且提出了以“井田”的方式保障民生的构想，表明孟子以民生建民本、保邦宁的社会改造蓝图。以“井田”的方式保障民生的构想，后世影响到了王安石的“青苗法”、张载的“井地”等思想和政策的形成。先秦诸子中的墨子具有一种强烈的民生问题意识，《墨子·非乐上》中提出“民有三患：饥者不得食，寒者不得衣，劳者不得息。三者，民之巨患也”。为此，他认为解决之道在于人与人之间的“兼爱”和“交相利”。由此可以看出，墨家的民生思想中有着强烈对社会民生现实问题的批判意识，并把自己学说建立在对民生关怀的基础之上。作为统治者，中国历朝历代的帝王将相都将这些民生思想作为统治的思想基础。而其中的贤良者则把这些民生思想转化成为具体化的社会政策和措施，如重农、轻赋、济民等，进而实现了社会的稳定，统治的稳固。中国传统社会中的民生文化虽然存有封建主义阶级利益的消极作用，但是为后世人社会政策的制定积累了丰富的思想材料。尤其是在社会动荡不安的变革时期，这个时期的最大特征就在于百姓生计出现问题，生存无法得到保障。此时就需要把民众组织起来通过反抗斗争的形式解决生计问题。而对于中国人来讲，文化符号的动员和象征意义就显得尤为重要。因此必须选择一种能够与中国下层劳动人民的社会价值观念相适应而又易于理解的文化符号，中国传统的民生观念无疑具备了此种功能。当然，民生不仅仅是一种文化符号，更是一种社会需要解决的最核心问题。1840 年以来的中国历史境遇使得民族危机和社会危机并存，社会动荡比任何一个历史时期都显得严重，出现民不聊生的局面。因此，可以有如下的结论，近代中国民生凋敝的现实和中国传统思想文化中民生理念的丰富所形成强烈的对比反差，必然使得民生在中国现代性建构中会成为最大的、首要的诉求价值。

### （二）西方现代性组织蓝图的正当性吸引力的消弭

由于近代以来对于引进西方器物与制度的失败，中国先进的知识分子自新文化运动开始，对儒家的伦理道德进行了彻底批判和全盘否定。儒家价值系统变得难以维持中国自主性平衡状态。随着辛亥革命的失败，思想界对甲午战争之后所竭力营造的集体（“公”“群”）认同表现出了强烈的怀疑和抗拒，儒家文化遭到了彻底地质疑和清算，全盘反传统主义盛行。西方的个人和权利观念由此真正得到重视与提倡，个人主义的话语权不断得到确认。虽然陈独秀、胡适、鲁迅等“五四”时期的启蒙思想精英利用个人和权利观念颠覆了儒家伦理道德的利器，而且推动了当时的思想界对西方现代性的核心价值观念普遍接受，然而，第一次世界大战的爆发让西方现代性的弊端充分暴露出来。巴黎和会上中国外交的失败，更让中国人难以接受曾经“公理战胜强权”，如今“公理”却被强权无情扭曲，西方的现代性价值受到了全面的质疑。在国内，西方列强对华侵略日益加深，国内战事不断，社会矛盾日益激化，民不聊生，劳苦大众终日辛劳，却连起码维持生计都不可能，中国大多数民众的生存权都难以保障，又如何谈得个人自主性呢？早期马克思主义者的擎旗人发现西方的现代性价值的基石——个人与权力并非是劳苦大众可欲，广大的劳苦大众甚至都无法享有生存权利，先进的知识分子才深深懂得西方资本主义文明所宣称的自由、平等，不过是资产阶级的特权而已，无产阶级和广大劳苦大众在实际生活中是无法享有这些权利的。正如列宁所言，“按照资产阶级民主的本性来说，关于一般平等的问题，其中包括民族平等的抽象的或形式的提法，是资产阶级民主所特有的。资产阶级民主在一般个人平等的名义下，宣布有产者和无产者、剥削者和被剥削者在形式上的或法律上的平等，以此来大大欺骗被压迫阶级”①。由此，西方现代性的核心价值——个人和权利已不再视为具有无可置疑的正当性，社会契约论在中国思想界就此失去了吸引力。由此，“权利不再是个人观念不可缺少的核心，或者说个人不是用权利主体来界定的”②。他们发现，原来大家的诉求是民族的独立，而不仅仅是个人的自主；是全体的解放，而不仅仅是个人的解放。早期的马克思主义者认识到，西方现代性提倡权利的平等性具有极其的荒谬性和伪善性，不得不使他们对中国现代性的基本价值进行反思与重建。

### （三）民生诉求与马克思主义的历史与价值契合性

正当先进的左翼知识分子们发现西方的现代性价值非但不能解决中国的民族独立和民众生存问题时，俄国十月革命给我们送来了以消灭

---

① 列宁．列宁选集：第4卷［M］．北京：人民出版社，1972：271.

② 金观涛，刘青峰．观念史研究：中国现代重要政治术语的形成［M］．北京：法律出版社，2009：173.

阶级差别，注重全体解放，实现每个人自由全面发展为核心民生理念的马克思主义。以陈独秀为代表的早期中国共产党人，开始大力宣扬、传播马克思主义，开启了以革命意识形态“对社会生活中的问题做一个根本的解决”① 的新纪元。马克思主义是在批判西方资本主义现代性的基础上确立起来的，与西方现代性的基石即自由主义中的两个核心要素——个人和权利不同，马克思主义本质上更加注重社会价值与整体利益。马克思主义以平等的价值取向，实现民众的发展即“每一个人的自由发展”。马克思对西方现代性的批判与中国现代性构建中的双重民生即民族生存与人民解放、民族复兴与人民富裕取向具有价值和历史的契合性。中国以民生为始基的现代性建构寻求到了与马克思主义的“历史契合点”，并逐步确立起了中国共产党人马克思主义的民生观。马克思主义从此肩负起了实现中华民族独立、人民解放和民族富强、民众共同富裕的双重民生任务。西方资产阶级的现代性价值，虽然曾一度得到了借鉴与吸收，但在解决中国的双重民生任务时却屡遭碰壁，最终未能避免被舍弃的命运。而选择利用中国化的马克思主义来化解中国的社会问题，表明中国的传统社会价值观——社会价值重于个人价值的文化因子始终未遭到舍弃。中国的现代性构建包括捍卫民族生存与争取人民解放、实现民族复兴与人民共同富裕，这与以实现每个人自由全面发展为核心民生理念的马克思主义相契合。由于对西方现代性核心价值——个人与权利的失望与反抗，中国选择民族与民生来构建自己的现代性，事实上也就为马克思主义中国化打开了闸门。

现代性作为一种席卷全球的文化冲击，但因受到社会文化、观念、心理等诸多因素的影响，现代性在中国的演变和发展，并没有一味地遵循世界现代性的普遍规律，而是保持了自身的发展逻辑。中国现代性的构建机制在中西马的社会价值冲突与转化机制中渐次展开。并呈现出与

① 李大钊．李大钊文集：下册［M］．北京：人民出版社，1984：34.

西方现代性不同的起点、路径和进程。因此，舍弃、反抗西方现代性，而持续地转化马克思主义形成了中国现代性的构建机制，这是中国现代性的自身演变逻辑。

# 第三章　中国现代性时域中民生观念的萌发与异化

自从孙中山明确提出民生主义的概念到改革开放前，这一时期内民生观念的演化主要经历了一个从提出到逻辑主题的转化再到建构的异化的进程。质言之，随着民生主义的形成，现代民生观念得到确立，新民主主义革命进程中中国共产党民生观念侧重于民族民主革命的逻辑主题，而社会主义革命和建设时期，民生观念的主题经历了从“生产”到“革命—生产”的观念转换，造成了民生观念的异化。尽管如此，改革开放前现代民生观为改革开放后中国共产党矫正民生观念的异化，实现了对民生主义的接续与转型，提供了理论指引和经验。

## 一、民生主义：现代民生观建构的逻辑初始质说

民生主义之所以会成为现代民生观建构的逻辑初始，在于其核心原则突破了传统儒家伦理社会组织原则的束缚；其哲学基础实现了由传统的以人生态度与治理之道为核心的理论范式向以历史重心与道德规范的现代理论范式的转换；其现代价值体现出超越西方现代性路径并诠释社会主义内蕴。梳理并检视社会主义民生观建构的逻辑起点，目的在于厘清在中国现代性进程中，早期民生观念的演变规律及其所遵循的价值准则与价值目标，从而为改革开放进程中民生观的转型与升级提供方法论指导和经验总结。

现代民生观是相对于古代民生观而言的，其时域界限具体指从第一次鸦片战争后，中国被迫卷入现代资本主义体系漩涡中。在中国现代性建构的进程中，民生命题是由孙中山通过民生主义最早明确提出并系统阐述的。民生主义作为指导中国政治革命和社会革命的政治纲领，是在中华民族丧失自主性，社会危机持续加剧的背景下，既继承中国传统民本思想，又吸收西方政治文化与马克思社会主义学说的基础上搭建的理论体系。由于民生主义所具有的理论深刻性和启蒙性，使它一经提出，便成为中国现代社会组织蓝图和政治文化中的核心价值之一。作为一种功能性的政策表述，民生主义由于具备了较完整的民生史观这个哲学基础，形成了一个新颖而完整的现代思想体系。由此表明，20 世纪是现代民生观念形成的重要时期，论证与检视现代民生观建构的逻辑起点，不仅可阐述民生主义的学术意义，而更是在为改革开放进程中的中国共产党矫正民生观念的异化、实现对民生主义的接续、助推民生观念的转型，从而建构起中国特色社会主义民生观念，提供理论指引和经验。

### （一）从“平均地权”到“节制资本”：民生主义核心原则的现代性特质

民生主义理论发轫于 19 世纪末，其萌发源于孙中山对西方资本主义现代性的理性审视。即从“伦敦脱险后，则暂留欧洲，已实行考察其政治风俗，并交结其朝野贤豪。两年之中所见所闻，殊多心得，始知徒致国家富强，民权发达，如欧洲列强者，尤未能登斯民于极乐之乡也。是以欧洲志士尤有社会革命之运动也。予欲为一劳永逸之计，乃采取民生主义”[①]。而实现民生主义，完成社会革命的良方则是“平均地权”和“节制资本”。

在中国现代性建构进程中，孙中山乃是以贯通中西古今的方式把握中国民生建设规律的创议者。他认识到中华民族要实现富强，引进西

① 孙中山 . 孙中山全集：第 6 卷［M］. 北京：中华书局，1985：232.

方的现代性才是出路所在。然而，孙中山深谙西方现代性所造就的贫富分化的“恶果”，认为“欧美今日之不平均，他时必有大冲突，以趋剂于平均，可断言也”[①]。因此，孙中山在效仿、吸收西方现代性进步价值的同时，又在力求规避西方现代性造就的消极影响，而民生主义就是他防止现代性“恶果”在中国滋生蔓延的良方。“所谓要实行民生主义，缘因于贫富不均。何以说贫富不均？古代中有贫富阶级之分，然无如今日之甚。今则贫富悬殊，不可方物，富者敌国，贫者无立锥。”[②]在孙中山看来，贫富不均的根源在于土地问题没有解决，土地私有才是万恶产生之根源。他提出以“平均地权”的土地纲领反抗封建主义地主土地所有制。1906 年，孙中山在《中国同盟会革命方略》中，首次阐述了“平均地权”的内涵：“文明之福祉，国民平等以享之，当改良社会经济组织，核定天下地价。其现有之地价，仍属原主所有；其革命后社会改良进步之增价，则归于国家，为国民所共享。肇造社会的国家，俾家给人足，四海之内无一夫不获其所。敢有垄断以制国民之生命者，与众弃之！”[③]1912 年，孙中山又提出了实现土地国有之法则在于实行地价税，“也就是说，把地租交给国家，即以亨利·乔治式的单一税来实行土地国有”[④]。由此可见，旧三民主义中的“平均地权”并非是把土地平均分配给所有的农民，而是一种力图实现土地国有化的政策。孙中山此时并没有明确“平均地权”与农民阶级之间的关联，也没有触及农民关注的土地问题，加上他所提出让“地主可以安心”的具有改良色彩的实施办法，使之无法获得真正实施“平均地权”的物质力量。因此，“平均地权”的土地纲领在当时受到广大农民阶级的冷遇就不足为奇了。然而，随着俄国十月革命的胜利与中国共产党的影响，新三民主义取代旧三民主

① 孙中山 . 孙中山全集：第 1 卷［M］. 北京：中华书局，1981：228.
② 孙中山 . 孙中山全集：第 5 卷［M］. 北京：中华书局，1985：477.
③ 孙中山 . 孙中山全集：第 6 卷［M］. 北京：中华书局，1985：297.
④ 列宁 . 列宁选集：第 2 卷［M］. 北京：人民出版社，1972：427.

义已是必然。而此时的“平均地权”在内涵中扩充了“耕者有其田”的主张，这才使得民生主义反对封建剥削的战斗更加明确。正如孙中山所言，“对于地主，要解决农民问题，便可以照地价去抽重税；如果地主不纳税，便可以把他的田地拿来充公，令耕者有其田，不至纳租到私人，要纳税到公家”①。只有实现土地国有，才能实现租赁土地给自耕农乃至赤贫者，才能使他们免受封建地主的盘剥，从而让民生主义成为了一个“进步的、战斗的、革命的资产阶级的民主主义土地改革纲领”②。

新三民主义不但在内涵上诠释了“平均地权”，而且明确提出了“节制资本”的理念。也就是说，民生主义理念在要求对土地制度进行变革时，应该实现与资本问题实现连接。“节制资本”的要旨为“凡本国人及外国人之企业或有独占的实质，或规模过大，为私人之力所不能办者，如银行、铁路、航路之属，由国家经营管理之，使私有资本制度不能操纵国民之生计”③。可以看出，所谓“节制资本”是在限制并防止资本家和垄断资本操纵国计民生，而并非是在限制国家资本主义的发展。因为，要图国家富强，只有发达国家资本，掌握国计民生，利用外国资本，发展实业。利用外资，发达国家资本不仅是“节制资本”的前提，也是“节制资本”的工具与物质手段，即“用外国资本及专门家发达工业，以图全国民之福利”④，而“国家一切大实业，如铁路、电气、水道等事务，皆归国有，不使一私人独享其利”⑤，从而实现“以国家之力，以发达天然实利，防资本家之专制”⑥。这意味着，孙中山已经在尝试建构一种超越西方现代性的中国式的现代性了。

第一次鸦片战争后，中国现代性建构的逻辑虽然得以发生，但从

① 孙中山.孙中山全集：第10卷［M］.北京：中华书局，1986：558.
② 列宁选集：第2卷［M］.北京：人民出版社，1972：426.
③ 孙中山.孙中山全集：第9卷［M］.北京：中华书局，1986：10.
④ 孙中山.孙中山全集：第6卷［M］.北京：中华书局，1985：377–378.
⑤ 孙中山.孙中山全集：第2卷［M］.北京：中华书局，1982：323.
⑥ 孙中山.孙中山全集：第2卷［M］.北京：中华书局，1982：441.

性质上讲，中国的现代性与西方现代性有着迥然不同的背景与路径。西方现代性是在批判宗教进而确立“主体立法理性”的一种文化精神实践；而中国的现代性建构的背景并非是反宗教的问题，而是摆脱殖民主义的压迫和封建专制制度的禁锢，捍卫民族生存与争取人民解放，从而实现民族富强与人民共同富裕的“民生”问题。中国现代性自建构开始，虽然民族救亡看似压倒社会革命，但实质上，民族与民生乃是互为表里、互为前提、共生共荣的有机整体。因此，在民族救亡的宏大叙事中，解决“民生日困”的各种思潮和方案不断问世，如清朝知识分子提出的“经世致用”，太平天国农民运动提出的《天朝田亩制度》和《资政新篇》以及康梁的“大同之道”等。但是，值得注意的是，无论是何种方案，都没有把民生提升至现代社会组织原则的层面。因此，这些方案与设计仍然无法脱离传统的逻辑。因为一旦在社会组织原则层面讨论民生，就不能不谈民生与儒家伦理之间的冲突关系问题，而这些方案或有意或无意地都在回避此冲突的出现。[①] 所以，无论是均田思想还是大同理想，其存在也仅仅局限于对现实批判的时空中，并无转化为现实的条件。

孙中山所确立的“平均地权”和“节制资本”这两个民生主义的内核意蕴，则实现了对中国传统历史中“均贫富”价值主张的突破。土地要素与资本要素的互通共治，明确显示出从传统农业社会向现代社会的转型诉求，表明民生主义已经冲破了封建伦理对社会组织蓝图建构的基本原则，并描绘出了实质意义上的、具有现代性特质的社会变革图景，且论证了这个现代性社会变革图景的历史合理性与内在规定性。基于此，孙中山提出，虽然“‘民生’二字，为数千年已有之名词。至用之于政治经济上，则本总理始，非独中国向无所闻，即在外国亦属罕

① 金观涛，刘青峰．观念史研究：中国现代重要政治术语的形成［M］．北京：法律出版社，2009：299.

见”[①]。尽管不同时期，孙中山对民生主义的阐论并非是一成不变的，其内涵也是随着时局变迁与认识的深入而不断得以扩展的，然而，不论民生主义的内涵在多大程度上持续不断地加厚，其“平均地权”和“节制资本”的基本内核却保持了一贯性和连续性。“平均地权”和“节制资本”两大原则的确立，标志着现代性进程中民生观初始建构的基本完成。

### （二）“民生”是“历史活动的中心”：民生史观的现代性意蕴

民生主义作为现代民生观的建构初始，还在于其对中国传统“民生”理论范式的突破。我国传统的“民生”泛指百姓的生存、生活以及对生存、生活的态度以及统治者的治理之道。所谓“民生在勤，勤则不匮”(《左氏春秋·宣公二十年》)，“德惟善政，政在养民”(《尚书·大禹谟》) 是也。民生主义则是把“民生”提升到社会历史观核心的高度，即把“民生”视为历史的重心，“古今一切人类之所以要努力，就是因为要求生存；人类因为要有不间断的生存，所以社会才有不停止的进化。所以社会进化的定律，是人类求生存。人类求生存，才是社会进化的原因”[②]。因此“民生主义，不但是最高的理想，并且是社会的原动力，是一切历史活动的重心。民生主义能够实行，社会问题才可以解决；社会问题能够解决，人类才可以享很大的幸福”[③]。孙中山对民生史观基本观点概述为两个核心要义，即催动社会历史进化存在着两个平行的动力之源。其一，民生史观中的第一命题，即人民求生存的感性的物质活动是社会历史进化的根本动力。孙中山认为，所谓民生问题“就是人民的生活，社会的生存、国家生计、群众的生命便是”[④]“历史上的政治和社

① 孙中山．孙中山全集：第 1 卷［M］．北京：中华书局，1981：112.
② 孙中山．孙中山全集：第 9 卷［M］．北京：中华书局，1986：369.
③ 孙中山．孙中山全集：第 9 卷［M］．北京：中华书局，1986：380.
④ 孙中山．孙中山全集：第 9 卷［M］．北京：中华书局，1986：355.

会经济种种中心都归之于民生问题”①。“民生就是社会一切活动中的原动力。因为民生不遂，所以社会的文明不能发达，经济组织不能改良，和道德退步，以及发生种种不平的事情，像阶级斗争和工人痛苦，那些压迫，都是由于民生不遂的问题没有解决。所以社会中的各种变态都是果，民生问题才是因。”②其二，民生史观中所指认的“求生存”即承认人们的欲望、心理、思想和愿望同样属于社会历史进化的原动力，此为民生史观的第二命题。

民生史观的形成意味着民生主义作为社会革命的政策纲领，已经具备了较完备的哲学基础。孙中山的民生史观，一方面脱离具体的社会生产方式去抽象地把社会的变革归结为主体求生存的本能，使之无法脱去“社会达尔文主义”的原则。也就是说，民生史观忽略了特定的社会存在而单纯、抽象地谈论人的需要，在客观上难免会产生把人类的存在方式与动物的生存本能等量齐观的倾向。另一方面，民生史观又不单单从“道德心和感性作用”而是试图从社会经济生活中寻找历史的动因，表明孙中山客观上已经在接近历史唯物主义的立场。不过，以唯物史观和唯心史观对民生史观进行简单而直观区分显然都无法真正揭示其理论精神内核的实质与特色。民生史观凸显论证主体需求及其延伸构成了社会的上升运动的核心催动力。由于主体具有维持生存的需要，因而要实现人的需要，必然进行满足此意欲需求的物质生产实践，以及在物质生产实践基础上所产生的一切经济、政治、文化、科技、教育等实践活动。民生史观的形成不但延续着先进分子对中国传统文化中大同社会理想的追寻，而且充分展现出了孙中山作为民主革命先行者反抗封建专制主义禁锢主体生存与发展的革命道德观念。正是由于民生史观所具备的唯物因素和超越传统的伦理道德，致使民生史观实现了由传统的以人生态度

① 孙中山．孙中山全集：第9卷［M］．北京：中华书局，1986：377.

② 孙中山．孙中山全集：第9卷［M］．北京：中华书局，1986：386.

与治理之道为核心的理论范式，向以历史重心与道德规范的现代理论范式的转换，基于此，民生主义完成了向现代性的转换。

（三）理想性与启迪性：民生主义现代性价值检视

1. 理想性

民生主义是为了规避西方现代性造成的“繁荣中的残酷”，实现普遍幸福的“社会的国家”构建而成的思想理论体系。不论民生主义是建立在民生史观的哲学基础之上，还是始终围绕着“平均地权”与“节制资本”的轴心，都意味着此思想体系已经纳入了现代性的逻辑，同时使之具备了革命性与进步性的气质。民生主义是孙中山在理性研判中西现代性发展的基础上搭建起来的理论与政策体系，若以当代视角审视，设计与民生主义思想体系相应的具体举措，绝非仅存于理论上的，而是具备一定的可操作性。事实上，二战后一些欧洲社会党执政的国家，以及一些新兴的亚非拉国家都曾经实践过类似的政策。然而在20世纪中叶前的中国并没有得到具体实践，究其根本原因就在于其缺乏实践的条件。孙中山认为，进行社会革命必须以民族主义获得民族自主性，以民权主义获得人民自主性，只有具备了如此的两大前提，社会革命的纲领即民生主义才能顺利付诸实践。由此可见，民生主义在三民主义中被赋予了终极性的价值。但是由于在现实的政治实践中，不管是民族主义还是民生主义皆没有得以实现，也就是说，民生主义的实践前提一个都没有得到解决，民族自决的权利和能力依旧没有得以恢复，而具有资产阶级性质的“中华民国”政府业已蜕化成为了一个大地主资产阶级专政的反动政府。此种外部民族不独立、国家无统一，内部人民无权利的现实，使得民生主义这个社会革命的目标客观上仅存于理论的楼阁之中。

孙中山提出了自己无法解决的命题，“创造了一个比现实更美好的未来社会图景。其中的某些图景恰巧同智力上的洞察力和审美上的要求相结合，产生了同当时社会和精神的种种需要的共鸣，在民众中唤起了极大的热情。于是，社会便被这些把人们引向另外一个更美好未来的幻想点燃了”①。而这个美好未来的幻想驱使着社会和人民不断地向科学社会主义靠拢，这就明确地宣告了中国人对“美好未来的幻想”已经获得了马克思主义的逻辑理路。中国共产党在领导中国人民反抗帝国主义的进程中重新确立了中华民族的独立、价值和尊严，完成了对现代民族国家的重构，一种新型的人民民主专政的民主制度随之确立，而且通过民主义迈向社会主义，实现了以走非西方路径的远大理想建构中国的现代化，使民生主义重获新生，并随之在社会主义的中华大地上铺展开来。

2. 启迪性

民生主义理想所探索的是一条中国式的具有中国社会主义特色的现代化建构路径，正是此种建构范式深刻地启迪着在社会主义的现代性进程。

启迪之一，正如孙中山所强调的，“民生主义就是共产主义，就是社会主义。所以我们对于共产主义，不但不能说是和民生主义相冲突，并且是一个好朋友”②。第一，民生主义最接近理想的社会主义，因为它比英法空想社会主义以及俄国的革命民主主义更具有革命实践的特质。它的“目的是建设一个革命民众合作统治的国家；其所号召的民权民生主义并不是一种阶级笼络欺骗某一阶级使为己用的一种策略，而是各革命阶级一种共同的政治经济要求，由他们的代表者（孙中山先生）列为他们政党的纲领；其结果是要达到建设各革命民众统治的国家；其终极是要消灭全世界的帝国主义，建设一个真正平等自由的世界联盟（即孙先生所主张的人类平等、世界大同）”③。第二，通过限制私人资本，利用与发展国家资本，其实质乃是具有中国价值取向、符合中国国情的社会主义理论。由于其对中国发展道路与发展战略的前瞻性思考，以及它与“中国特色社会主义”具有历史逻辑的一致性，因此民生主义构成

① 毛泽东．毛泽东文集：第 1 卷［M］．北京：人民出版社，1993：19.
② 孙中山．孙中山全集：第 9 卷［M］．北京：中华书局，1986：386.
③ 沟口雄三．作为方法的中国［M］．孙军悦，译．北京：生活·读书·新知，2011：25.

了“中国特色社会主义”社会形态与理论体系探索的历史先声。民生主义的理论资源始终滋养着中国特色社会主义现代性建构中的民生理念与实践。

启迪之二，在对资本主义现代性的反思与批判中，孙中山强调“我们现在要解决民生问题，并不是要解决安适问题，也不是要解决奢侈问题，只要解决需要问题。这个需要问题，就是要全国四万万人都可以得衣食的需要，要四万万人都是丰衣足食”[①]。这表明民生主义内涵中规定了强烈的民生平等的核心价值取向，此价值影响着早期的共产党人或者说实现了与早期马克思主义者历史与价值的契合。早期马克思主义者的擎旗人发现，唯有从根源上消除权利的不平等，才能解决人民的生存与发展的根本问题。由此开始，中国共产党逐渐形成了对中华民族和人民的生存权、普遍发展权有清晰的认识。民生主义对平等价值的追求，客观上引导着中国人民寻求西方现代性道路以外的非资本主义路径。

启迪之三，民生主义所内含的“平均地权”“节制资本”等具体的制度与政策表明，中国的现代性建构进程中“国利民富”的民生实践，一方面不能断裂中华民族的文化传统，“孙文经常把大同主义作为三民主义的同义语来使用，正如同盟会宣言所述：‘四海之内，无一夫不得其所’，大同思想的基本内容归根结底就是万人各得其所”[②]。另一方面则应该在批判西方现代性造就的“恶果”的过程中，基于中国生产力落后性的现实而决不可一概排斥工具理性，而应进行有条件的张扬，即通过“节制资本”与“兴办实业以发达国家资本”的举措，为解决民生问题实现社会主义的理想提供强力的物质基础。

启迪之四，孙中山在阐释民生是一切社会活动的原动力的命题时，认为“人类生活的程度，在文明进化之中可以分作三级。第一级是需

---

① 莫里斯·迈斯纳. 马克思主义、毛泽东主义与乌托邦主义［M］. 张宁，译. 北京：中国人民大学出版社，2005：365.

② 沟口雄三. 作为方法的中国［M］. 孙军悦，译. 北京：生活·读书·新知，2011：13.

要。人生不得需要，固然不能生活，就是所得的需要不满足，也是不能充分生活，可说是半死不活。所以第一级的需要，是人类的生活不可少的。人类得了第一级需要生活之外，更进一步便是第二级，这一级叫作安适。人类在这一级的生活，不是为求生活的需要，是于需要之外更求安乐，更求舒服……得了充分安适之后，再更进一步，便想奢侈”①。孙中山将人的生活分为“需要”“安适”“奢侈”三个级别，其精神实质则表明，人的需要是逐层递进的，民生内涵是不断丰富与发展的。在社会主义民生建设的进程中，应把民生问题视作一个动态的发展变量，即不能仅拘泥于单向度的物质民生建设，而是在新的实践基础上，根据人民的需求的提升而实现民生建设的转型升级，更加注重物质民生、政治民生、文化民生等多维度、复合民生建设。另外，还应视民生为一个综合有机工程，也就是说，民生并不是一个“自在”的问题，民生与民族、民主之间乃是彼此依赖、相互影响、相互建构的统一体，三者之间形成良性互动及其均衡性，才能实现民生幸福的现代性社会建构的目标。

## 二、民族民主革命的逻辑：新民主主义革命进程中民生观念的运演

### （一）民生主体的扩充：从“消灭资本家私有制”到“打土豪，分田地”

新民主主义革命进程中，中国共产党对民生主体的认识，是一个渐进的过程，从“消灭资本家私有制”到“打土豪，分田地”的民生纲领或口号的选择性强调，表明中国共产党由国民革命时期至土地革命时期内，对民生主体的演绎经历了从注重工人阶级延伸至农民阶级，最终使中国共产党改善民生的社会行动获得了坚实的实践基础与物质动力。

1919 年后，早期马克思主义理论的引入者与宣传者，已经开始质疑和批判西方现代性基本价值的虚伪性，利用马克思主义主张的视野即

① 孙中山．孙中山全集：第 9 卷［M］．北京：中华书局，1986：413.

劳动者平等的生存权利与对劳动果实的支配权利，去审视当时的民生问题。左翼知识分子强调，要解决民生问题，首要的是要获得人人皆应有的平等吃饭与生存权。所以，追求“民生平等”从此成为科学社会主义信奉者解决民生问题的价值取向。而“要成就一个革命的局面，断然不可没有一个势力集中的革命党做中坚，担任破坏及建设的责任”[①]。遵循此逻辑，宣告中国共产党成立的“一大”中，就明确提出了“援助工人阶级”，“消灭资本家私有制，没收机器、土地、厂房和半成品等生产资料”和消灭阶级区分的民生纲领。单就此纲领即可以看出，其一，彼时的中国共产党作为工人阶级的先锋组织，较纯粹地接受了马列主义仅作为工人阶级的理论武器与指导思想；其二，先前爆发的十月革命以及新兴的工人阶级在五四运动中的能量初现，使得中国共产党视工人阶级为革命的最终决定力量，希望通过以工人阶级的斗争推翻现存国家政权，并把解放工人阶级作为革命的终极目标。恰如陈独秀所宣称的，“只有做工的人最有用最贵重”，“若是没有做工的人，我们便没有衣、食、住和交通，我便不能存在”[②]。由此，中共一经建立，便随即投入到领导工人运动的革命狂潮中，而工人阶级在相继爆发的工人运动的高潮中释放出的革命斗志，以及各地工会组织雨后春笋般地成立，使得党确信工人阶级所肩负的解放全人类的历史使命。此外，不管是陈独秀在《新青年》开设的“劳动者纪念专号”，还是李汉俊等人创办的《劳动者》《伙友》等周刊，其宗旨皆是在揭露工人阶级被资本家压榨与剥削的民生状态以及宣扬“劳工神圣”的民生理念。要想改变工人阶级的命运，只有通过实现工人阶级的联合，“只有用阶级斗争的手段，打倒一切资产阶级，从他们手里抢夺政权……一切生产工具归生产劳动者所有，一切政权归劳动者执掌，这是我们的信条”[③]。唯有如此，才能改善工人阶级的

① 任建树 . 陈独秀著作选：第 2 卷［M］. 上海：上海人民出版社，1993：165.

② 任建树 . 陈独秀著作选：第 2 卷［M］. 上海：上海人民出版社，1993：135.

③ 陈独秀 . 短言［J］. 共产党第 1 号，192:（1）.

生活，强化工人阶级的知识，表现工人阶级的人格。当然，我们不能否认此时农民运动与农会组织的建立所展示出的中国共产党对农民民生的关注，如浙江萧山县衙前村的现代农民抗争运动以及广东海丰县赤山约的农会组织运动，但是这些运动与组织相较于工人运动呈现出地域性、零散性如昙花一现，并未形成系统的中国共产党指导农民民生改善的思想理念。由此可以看出，从建党到国民革命时期，中国共产党从宣传到组织，从启蒙到救亡的民生主体主要就是工人阶级。

不过，随着对马克思主义的科学揭示以及革命实践的推进，初生的中国共产党对民生主体的认识单一性维度实现了渐进的与历史的突破。事实上，中共一大所强调的民生理念，积极地影响了孙中山的民生主义，使旧三民主义中的“平均地权”获得了“耕者有其田”的规定。既然“耕者有其田”体现了国共双方的民生理念，这就意味着，其一，中国共产党对民生主体的认知已经不仅仅是单纯的工人阶级了，而是开始关注农民阶级的民生改善问题。国民革命时期，毛泽东已经重点关注与研究农民问题。他在《中国社会各阶级分析》《中国农民中各阶级的分析及其对于革命的态度》《中国农民问题》《国民革命与农民运动》《湖南农民运动考察报告》等文中明确而系统地提出并论证了农民民生问题的严重性，以及改善农民民生的迫切性，甚至总结出了改善农民民生问题的具体的“十四件大事”，而且把农民的民生问题提升为中国人民获取自由平等的首要问题。其二，民生主义实质上已被打上了社会主义理论意蕴的烙印，而且使其具备了愈加明确与强烈的反对封建剥削的战斗性和革命性。当然，民生主义由于其两大前提要件即民族主义和民主主义没有实质性建立起来，以及“中华民国”执政者的背离，它也只能成为“主义”而存于“理论”之中了。不过，民生主义却在第一次国共合作破裂以后的中国共产党所领导开展的土地革命的进程中获得了新生。如毛泽东所言，“中国没有单独代表农民的政党，民族资产阶级的政党没有坚决的土地纲领，因此，只有制定和执行了坚决的土地纲领、为农民利益而认真奋斗、因而获得最广大农民群众作为自己伟大同盟军的中国共产党，成了农民和一切革命民主派的领导者”①。也就是说，民生主义的真正践行者的称号应赋予中国共产党。国民革命失败以后，中国共产党开启了土地革命的新阶段，“打土豪，分田地”不仅成了中国共产党实践“耕者有其田”的具体路径方法，同时也是党在此时期最具有代表性的民生观念。它表明中国共产党人已经充分意识到，革命的主力与民生的主体应该是占人口绝大多数的农民，如果不能获得农民可靠与广泛的支持与参与，改善民生只能再一次回到理论中去。新民主主义革命进程中的民生主体，由此开启了由工人阶级向“工农联盟”复合建构的进程。而新民主主义革命获得胜利以后，“工农联盟”的复合主体由“人民”这个具有政治维度的集合概念所替代。“人民”成为中国社会主义现代性民生的建构主体，并释放出了无比巨大的社会正能量，不仅创造了巨大的物质、精神财富，而且还成了社会主义民生建设成果的拥有者与共享者。

### （二）改善民生方法的转换：从“土地问题”到“注意经济工作”

中国共产党之所以能够被劳苦大众视为革命的中坚，能够成为被信任的领导者，源自于人民群众的民生得到改善，利益获得满足。“空话都是无用的，必须给人民以看得见的物质福利。”②因为，在人民群众的生存权都难以保障的情况之下，满足于保障民众对物质利益的诉求乃是解决民生的第一要务。“领导农民的土地斗争，分土地给农民；提高农民的劳动热情，增加农业生产；保障工人的利益；建立合作社；发展对外贸易；解决群众的穿衣问题，吃饭问题，住房问题，柴米油盐问题，疾病卫生问题，婚姻问题。总之，一切群众的实际生活问题，都是我们

① 毛泽东．毛泽东选集：第3卷［M］．北京：人民出版社，1991：1075.
② 毛泽东文集：第2卷［M］．北京：人民出版社，1993：476.

应当注意的问题。”[①] 随着革命斗争与民生实践的推进，中国共产党对改善民生的方法不断进行充实和发展。

中国共产党从对农民在革命中主力军作用的认知，领会到了“土地问题”乃是改善农民民生问题的核心问题。“土地问题”构成了新民主主义革命时期中国共产党解决民生问题一以贯之的基线。土地革命时期中国共产党主张“耕者有其田”的民生政策，在行动上采取了“打土豪，分田地”的践行措施，在法律上制定了《井冈山土地法》和《兴国土地法》等法律保障。到抗日战争时期，为了实现地主与农民的关系调和，提升各阶级参与革命的热情，开始践行“减租减息”的土地政策，“使负担虽重而民不伤”[②]。解放战争时期，更加强调地认为，“土地制度的彻底改革，是现阶段中国革命的一项基本任务。如果我们能够普遍地解决土地问题，我们就获得了足以战胜一切敌人的基本条件”[③]。在中共中央发出《关于清算减租及土地问题的指示》中，将“减租减息”政策改为实现“耕者有其田”的政策，而 1947 年出台的《中国土地法大纲》则明确了将此政策以法律的形式确定下来，使解放区内农民的土地问题基本上得到解决。

新民主主义革命进程中的民生观念属于最基本层级的物质民生，这个层次的民生改善，离不开对农民这个民生主体最关注的土地问题的解决，但是土地问题并非改善民生的唯一方法。土地问题的解决乃是经济建设的关键点，它点燃了农民发展农业生产这个在当时位居经济建设首位任务的极大热情。在解决土地问题的同时，注重经济建设，随即也被纳入了中国共产党民生改善的举措中。第一，中国共产党注意到了经济问题。毛泽东对经济问题在解决民生问题中所起的作用，他在《红色政权为什么能够长期存在？》一文中提出，由于封锁所导致的日用必需

① 毛泽东 . 毛泽东选集：第 1 卷 [M] . 北京：人民出版社，1993：136.
② 毛泽东 . 毛泽东选集：第 3 卷 [M] . 北京：人民出版社，1991：895.
③ 毛泽东 . 毛泽东选集：第 4 卷 [M] . 北京：人民出版社，1993：1252.

品的短缺问题，必须得到重视与解决，“边界党如果不能对经济问题有一个适当的办法，在敌人势力的稳定还有一个比较长的期间条件下，割据将要遇到很大的困难。这个经济问题的相当的解决，实在值得每个党员注意”[①]。第二，制定一系列经济建设的规划。1933 年，毛泽东提出了经济建设保障民生改善的观念，并且批判并纠正了“革命战争环境中没有经济建设可能”的错误倾向，认为“只有开展经济战线方面的工作，发展红色区域的经济，才能使革命战争得到相当的物质基础，才能顺利地开展我们军事上的进攻，给敌人的‘围剿’以有力的打击；才能使我们有力量去扩大红军……也才能使我们的广大群众都得到生活上的相当的满足，而更加高兴地去当红军，去做各项革命工作”[②]。他在此还具体阐述了“发行与购买公债”“发展合作社”“调剂粮食”“发展贸易”等经济建设的一般规划。第三，阐述了经济政策。1934 年，毛泽东提出了土地革命时期内较为完整的经济政策。在发展经济支援战争的原则之下，“经济建设的中心是发展农业生产，发展工业生产，发展对外贸易和发展合作社”[③]。而在此时，毛泽东已经把“有计划有组织的经济建设工作”与“战胜帝国主义与国民党”并列为挽救民族危亡与摆脱贫穷困苦的前提。第四，调整了经济政策。抗日战争时期，伴随土地制度的调整，经济政策随之发生了变化，中国共产党提出了“发展经济，保障供给”的口号，在开办自给工业，军队、机关、学校开展生产运动，发展农工商业等基础之上，积极建立与发展公私兼顾的经济，以保障财政供给。此外，还有“军民兼顾”，即一方面保障战争之需，另一方面还兼顾了人民群众的民生改善。第五，关注城市经济建设。解放战争时期，毛泽东一面要求发展大规模的“减租”与“生产”运动，以解决民生困境，一面要求重视城市经济的建设问题，由于“我们已经得到了一些大

① 毛泽东 . 毛泽东选集：第 1 卷［M］. 北京：人民出版社，1993：53.
② 毛泽东 . 毛泽东选集：第 1 卷［M］. 北京：人民出版社，1993：120.
③ 毛泽东 . 毛泽东选集：第 1 卷［M］. 北京：人民出版社，1993：130-131.

城市和许多中等城市。掌握这些城市的经济，发展工业、商业和金融业，成为我当重要任务。为此目的，利用一切可用的社会现成人才，说服党员同他们合作，向他们学习技术和广利的方法，非常必要”[①]。并且最终形成了发展生产、繁荣经济、公私兼顾、劳资两利的发展工商业方针。“土地问题”和“经济工作”乃是新民主主义革命进程中解决民生诉求的两个核心要素。它们既是改善和保障民生的基本方法，又属于民生问题本身的内容。在改善民生的实践中，二者呈现相互建构的特质，构成了改善民生的两大基石与抓手。时至社会主义现代民生建设的进程中，它们仍然被赋予了其在民生建设中所特有的基础性地位与意义。

### （三）民生观念外延偏重：从社会革命到现代民族国家的重构

在从中国传统的民生观念到现代民生观念的转变过程中，民生给予我们的是一个具有多维视角的观念。民生可以是一种人生态度，是国家的治理之道，是社会历史进步的动力源泉，是真实发展的终极目标，等等。所以，民生是一个内涵和外延都相当复杂的观念体系。每一维度的“出场”与“在场”，其所观照的必定是特定历史阶段、背景，以及与此历史阶段、背景相吻合的价值取向与立场。新民主主义革命时期的民生观念在其外延上就表现出较为明显的民族形态。中共一大纲领提出，“我们党承认苏维埃管理制度，要把工人、农民和士兵组织起来，并以社会革命为自己政策的主要目的”。由此，蕴涵“民生”内蕴的社会革命纲领被正式提出并确立下来。这意味着中国共产党延续了早期左翼先进分子所提出的，为获取最基本的权利——生存权，最基本的生存权——吃饭权而进行的社会革命逻辑。同时也说明了民生观念在中国共产党的致思取向要早于对民族构建的诉求。不过，随着中共二大对党的纲领的修正与补充，反帝反封建的民族革命成为显性的主张，而民生则

① 毛泽东．毛泽东选集：第4卷［M］．北京：人民出版社，1993：1173.

转换为较隐性的观念。不过，由于“民生”所具有的终极价值的理论特性，使得新民主主义革命时期的民生观念，其外延偏重与以“民生”为轴心的民族国家的生存问题，即新型的现代民族国家的建构问题。

中共二大提出了“推翻国际帝国主义的压迫，确定中华民族完全独立”的反帝反封建的民主主义革命纲领，使得民族国家的重构演变成中国现代性建构中的首要问题。新民主主义理论作为对三民主义的创造性发展，明确凝练出了中国革命乃是无产阶级领导的人民大众反帝反封建的民族民主的革命性质，为民族国家的重构提供了革命理论基础。由此可以得出，以“民生”为轴心的民族国家的生存问题成了中国现代社会组织蓝图的基本问题。“中华民国”的建立意味着现代民族国家的初步建构，即传统的儒家伦理秩序已经被现代经济、政治和社会制度所埋没与替代。不过，这在北洋军阀以及国民党反动政府的腐蚀下迅速发生了异化，中国社会组织蓝图依然被殖民主义和封建主义所把持。“一个民族，只要还没有民族独立，历史地看就不能比较严肃地讨论任何内政问题。”[①] 只有消弭掉民族压迫，民生建设才能获得基本条件。民族独立是民生的前提，没有民族自主性，民生便无从谈起。因此，民族国家的建构构成了民生的逻辑外延。因此，中国现代性的建构只能从主权变革为初始。封建主义的本质在于土地等生产资料主要集中在地主阶级手中，代表地主阶级利益的封建统治者对劳动者的人身支配权，以及劳动者对宗法共同体的盲从愚忠和依附。封建专制主义、等级制度、官僚主义、特权思想等都是由此派生出的。由于国民党反动政权的社会基础是具有浓厚封建主义色彩的土豪劣绅阶层，造成了封建主义因素大量被保留，导致了民族资本的匮乏，官僚资本与官僚资产阶级的大量滋生。“帝国主义和国民党的目的在于破坏红色区域，破坏正在前进的红色区域的经济建设工作，破坏已经都得到解放的千百万工农民众的

---

① 马克思，恩格斯．马克思恩格斯全集：第 35 卷［M］．北京：人民出版社，1972：260.

福利"[①]。这就决定了捍卫民族的主体性和实现人民的自主性必然共同统一于中国新型现代民族国家的建构进程之中。因此，中国的现代民族国家建构必然需要进行重构。

那么，相比于民族国家重构而言，民生在此时期是否属于必须要完成的历史任务？为此，我们还必须进一步厘清新民主主义革命进程中，民生改善与民族独立之间的牵连。新民主主义革命，这样一个如此特殊的历史境遇决定了民生就其地位与作用而言，必然从属并服务于民族国家的重构。民生观念似乎仅仅成为民族国家重构的一个次生观念。然而事实上，没有民生建设的支援，民族自主性的获得仍旧属于无本之木的空谈。民生建设在此发挥的是一种动员的作用，不管是以解决土地问题还是利用经济建设来改善和保障民生，其主要目的就是为了获得民众的支持和拥护，巩固工农联盟。如毛泽东所言："我们现在的中心任务是动员广大群众参加革命战争，以革命战争打倒帝国主义和国民党，把革命发展到全国去，把帝国主义赶出中国去……那末，我们对于广大群众的切身利益问题，群众的生活问题，就一点也不能疏忽，一点也不能看轻。因为革命战争是群众的战争，只有动员群众才能进行战争，只有依靠群众才能进行战争。"[②]如此才能通过民生建设激发民众的生产积极性，从而获得革命与战争所需要的物质给养和获取对革命领导权的支持。

### （四）新民主主义革命时期民生观念的启示价值

在新民主主义革命进程中，通过反帝国主义和反封建以获得民族主体性和民族自决性，乃是首要任务。然而，彼时的中国共产党并没有使民族建构和民生建设发生脱节，虽然民生建设在新民主主义革命进程中看似并不顺畅，并不能首先得到解决。这并非意味着中国共产党任由民生建设失落。相反，在新民主主义革命进程中，中国共产党非常清晰

---

① 毛泽东 . 毛泽东选集：第 1 卷［M］. 北京：人民出版社，1993：130.

② 毛泽东 . 毛泽东选集：第 1 卷［M］. 北京：人民出版社，1993：136.

地体认到了民生与民族二者在中国现代社会组织蓝图建构中紧密关联的价值特质，不仅没有使民生在新民主主义革命进程中沉沦而去，而且还发现了民生命题在革命中发挥的重要作用，并将其认定为一个值得追求的永恒目标。新民主主义革命进程中由中国共产党主导的、具有社会主义性质的民生建设，是在以革命的方式获取民族独立性和人民自主性这个近代宏大主题下展开实践的，依次经历了民生主体从工人至农民的深化识别；改善民生的方法由注重土地到重视经济的转变，此时的民生外部显征更加偏重于民族国家的建构诉求。因此，在此时期，基于民生实践所形成的民生观念展示出了其特有的启示价值。

1. 民生内涵层面：彰显了民生命题的深刻性

民生，不论是传统还是现代，始终是中国社会演进和政治文化中一个极具深刻性的命题之一。中国的社会转化和演进中都没有失掉民生价值与功能的相对稳定性与延续性。孙中山在20世纪初民生主义的提出与确立，则把民生提升至革命政纲和社会历史进化的动力源泉。民生自始进入了建构期。民生的价值之所以在中国社会境遇中立足并受到如此青睐，就在于，其一，民生观念体系完全可以实现其理论上的自足完整，能够解释各种相关问题，即在理论建构上，民生并没有遭到非议；其二，更重要的是民生命题可以作为“救治”现实社会问题的“良方”而对中国经济社会问题发挥其疗效，从而获得整个中华民族的认可并将其视为重要的精神财富。

现代民生理论由于具有开放的特质，使得民生命题展现出深刻性和现实性，民生命题的生命力也随着中国现代社会蓝图的建构而不断有新的认识。五四新文化运动后期，以陈独秀为代表的左翼知识分子已经认识到，而且特别强调权利的不平等实质乃是民生的不平等“民生平等”和“民生幸福”自始至终就是中国共产主义者所尊奉的信条，这意味着民生价值取向仍然得到了无产阶级及其先锋队的理论与价值继承。然而民生的深刻性更加突出表现在对已有民生理论与时俱进性的突破方面。

在新民主主义革命进程中，由中国共产党主导的、具有社会主义性质的民生建设，并没有抛弃民生主义的理论指引，并通过具体的民生实践，延伸了民生命题的深刻性。如毛泽东所言，“即以我们过去实行土地革命政策而论，亦无非孙中山先生耕者有其田的主张而已”①。“中国的经济，一定要走‘节制资本’和‘平均地权’的路，决不能是‘少数人所得而失’，决不能让少数资本家少数地主‘操纵国民生计’，决不能建立欧美式的资本主义社会，也决不能还是旧的半封建社会。”②新民主主义革命进程中的民生实践将孙中山的民生主义理论，通由新民主主义革命转化为伟大的现实。民主主义也就从一种理论形态转化为民生实践。中国共产党在新民主主义革命时期的民生实践，破除了民生主义的理想性，使其具备了实践的现实土壤和物质力量。主要表现在：其一，从“消灭资本家私有制”到“打土豪，分田地”，再到发展“不能操纵国计民生”的民生纲领转换表明，中国共产党对民生主体的认知在不断清晰明确，形成了“人民”这个中国社会主义现代性民生建设主体的建构；其二，从“土地问题”到“注意经济工作”的改善和保障民生方式的转换，则意味着民生实践已经具备了具体的政策举措，即在解决土地问题的同时，注重经济建设。“土地问题”和“经济工作”乃是新民主主义革命进程中改善和保障民生的两个关键手段，同时又属于民生问题本身。在新民主主义革命历史期间改善民生的实践中，“土地问题”和“经济工作”始终处于交替运用的状态，构成了改善民生的两大基石与抓手。直至社会主义现代民生建设的当今，它们仍然被赋予了在民生建设中所特有的基础性地位与作用。

在新民主主义革命时期的民生主义的预演进程中，中国共产党人绝非是简单地套用民生主义的某些原则、观点来解决当时的民生现实，

① 毛泽东文集：第 1 卷［M］. 北京：人民出版社，1993：492.

② 毛泽东 . 毛泽东选集：第 2 卷［M］. 北京：人民出版社，1991：678.

而是基于革命性质与时代条件的特殊性，以及民生实践的具体要求，使民生观念的建构经历了民生主体的扩充，改善民生方法的转换和民生观念内涵与外延偏重等三种维度与层级的运演逻辑，其中的每一个层次的演进逻辑，皆非是后者对前者的简单抛弃，而是随当时民生实践的推移，实现对民生观念认识的深化，表现出的是“民生主体”“民生方法”和“民生保障”在各自建构中的复调式的运演特性。由此可见，新民主主义革命时期依然继承并运演着民生命题的深刻特性，这是充分发挥民生的社会评价功能、社会稳定功能和社会发展功能的必然选择。体现出了中国共产党对民生价值的历史特性、现实建设与未来转型的深切关怀与科学把握。

2. 民生外延层面：建构了民生观念的民族民主革命显征

新民主主义革命时期的民生观念在其外部显征上就表现出较为明显的民族民主形态。现代民族国家的建构是近代以来中国现代社会组织蓝图建构的目标，同时也是从封建专制主义转向现代独立自主国家政治制度的进程。马克思主义认为，不论是人的政治解放还是社会解放，皆离不开无产阶级的革命斗争实践活动。而建立一个以无产阶级领导的现代民族国家的民主政权，才能为保障人民的生存与发展的权利奠定政治基础。中国共产党的建立，奠定了其对中国近代基本国情、主要矛盾和历史任务的深刻认识与科学把握。中国的民生建设与健康成长需要民族自主性、自决性所搭建起的现代民族国家制度的平台系统。所以，新民主主义革命的特殊历史境遇决定了民生就其地位与作用而言，必然从属并服务于民族国家的重构。

虽然彼时的民生建设似乎像是民族国家重构的一个次生命题而已，然而现实却是，如果失去民生建设的内部支援，现代民族国家的建构则失去了物质力量和基础。为此，必须对新民主主义革命进程中的民生命题进行科学而理性的认知，尤其是对其地位与作用的定位显得至关重要。对民生进行定位的关键在于，并非要用彼时的民生建设替代现代民族国家的重构，而是如何成功地实现把民生建设植入到中国现代性社会组织蓝图的建构进程之中。中国共产党在领导新民主主义革命的过程中，利用发挥民生的工具性价值来支援为现代民族国家建构所进行的革命活动，把民生建设寓于民族革命的进程中，从而使得彼时的民生观念获得民族的外部显征。

新民主主义革命的实践明确凝练出了中国革命乃是无产阶级领导的人民大众反帝反封建的民族民主革命，即主张通过新民主主义革命，消除民生建设的羁绊，为社会民生建设奠定基础，在此基础上形成民生诉求与民族独立和民族复兴的双向建构理路，生成了现代社会主义民生理论的内部逻辑自洽，避免了其在与民族问题关联上的误读，保证了社会主义民生观念体系的完整性。

3. 民生功能层面：塑造了中国共产党的“民生自觉”

中国共产党的“民生自觉”发于五四新文化运动后期，而“民生自觉”的培育贯穿于新民主主义革命和社会主义革命建设进程的始终，其表现为中国共产党在现代性的构建过程中，基于对每个个人的生存权、普遍发展权的自知之明。换言之，是对每个个人的生存权、普遍发展权的自我觉醒、自我创建和自我改善。“民生自觉”培育生长是伴随中国现代性建构的历史进程而逐步确立和成熟起来的。中国共产党的“民生自觉”由此开始从意识的民生自觉、理论的民生自觉转向通过革命的手段实现实践中的民生自觉。

在此“民生自觉”实践发展期间，中国共产党的“民生自觉”已经获得了马克思的科学社会主义以及中国化马克思主义理论——新民主主义理论的逻辑理路，形成了民生主义的新民主主义化，从而实现了民生主义理论在新的实践基础上，增添了更加丰富的时代内容。历史唯物主义认为，“我们首先应当确定一切人类生存的第一个前提也就是一切历史的第一个前提，这个前提就是：人们为了能够‘创造历史’，必须能够生活。但是为了生活，首先就需要衣、食、住以及其他东西。因此任何历史观的第一件事情就是必须注意上述基本事实的全部意义和全部范围并给予应有的重视"[1]。新民主主义革命中所形成的民生理论作为中国化马克思主义的理论成果，是以毛泽东为代表的中国共产党人将马克思主义的民生理论与新民主主义革命进程中的民生实践相结合，建构具有新民主主义革命特征的民生观念。彼时新民主主义革命中的民生观念所呈现的"民生自觉"主要表现在三个方面：其一，"革命战争"与"改良人民生活"皆属于中心任务。"我们是革命战争的领导者、组织者，我们又是群众生活的领导者、组织者。组织革命战争，改良群众生活，这是我们的两大任务。"[2]这同时彰显了中国共产党对改善民生的自觉担当。其二，处理"战争供给"与"人民生活"的关系上，制定了"军"与"民"相兼顾的战略方针，提出"我们的经济政策的原则，是进行一切可能的和必须的经济方面的建设，集中经济力量供给战争，同时极力改良民众的生活，巩固工农在经济方面的联合"[3]。"必须努力生产，使一切必需品……在财政供给上，必须使自卫战争的物质需要得到满足，同时又必须使人民负担较前减轻，使我解放区人民虽然处于战争环境，而其生活仍能有所改善"[4]。以上两方面证实，中国共产党不但已经自觉地开始运用唯物辩证法处理革命与民生以及民生中的生产与生活的关联，而且实现了对只有保障生存与生活才能创造历史这个经典历史唯物主义原理，在革命战争境遇中创造性的运用与延展。其三，民生乃是关系到中国共产党事业成败的关键问题，必须给予高度重视。没有对人民生存、疾苦的关注和改善就不会获得人民的支持和拥护，新民主主义革命便下一可能取得成功。新民主主义革命进程中的民生建设，发挥出了其支援、动员与凝聚革命力量的重要社会功能，恰如毛泽东所言，

① 马克思，恩格斯．马克思恩格斯全集：第 1 卷［M］．北京：人民出版社，1979：32.
② 毛泽东．毛泽东选集：第 1 卷［M］．北京：人民出版社，1993：139.
③ 毛泽东．毛泽东文集：第 6 卷［M］．北京：人民出版社，1999：24.
④ 毛泽东．毛泽东选集：第 4 卷［M］．北京：人民出版社，1993：1273.

“我们现在的中心任务是动员广大群众参加革命战争，以革命战争打倒帝国主义和国民党，把革命发展到全国去，把帝国主义赶出中国去……那么，我们对于广大群众的切身利益问题，群众的生活问题，就一点也不能疏忽，一点也不能看轻。因为革命战争是群众的战争，只有动员群众才能进行战争，只有依靠群众才能进行战争”①。而在谈到如何获取民众对革命领导权的支持时，毛泽东提出了利用民生这个手段以及民生的评价功用，即“领导的阶级和政党，要实现自己对于被领导阶级、阶层、政党和人民团体的领导，必须要具备两个条件：（甲）率领被领导者（同盟者）向着共同敌人作坚决的斗争，并取得胜利；（乙）对被领导者给以物质福利，至少不损害其利益，同时对被领导者给以政治教育”②。新民主主义革命进程中，不论是处理革命与民生的关系、生产与生活的关系，还是视民生为党的事业的生命线，其所展示的乃是中国共产党的“民生自觉”在新民主主义革命时期与时俱进，并发挥出巨大的效能。

总之，新民主主义革命时期对“民生自觉”的实践，进一步加固了中国共产党对民生在社会历史演进中价值与地位的深刻认识，即民生在新民主主义革命取得胜利和中华人民共和国建立进程中的作用不可或缺。同时更加体现出，中国共产党对民生建设规律的正确把握以及对改善民生历史责任的主动担当。

## 三、逻辑转换与异化：社会主义革命和建设中民生观念的建构理路

社会主义革命和建设中民生观念的建构时期，是中国共产党由“革命党”转向“执政党”之后对中国民生问题进行探索的第一个历史阶段，具有浓厚的时代特色和曲折特质。这为中国特色社会主义民生观念的建构积累了思想素材和经验教训，具有重要的学术价值。此部分意在突破

---

① 毛泽东．毛泽东选集：第 1 卷［M］．北京：人民出版社，1993：136.

② 毛泽东．毛泽东选集：第 4 卷［M］．北京：人民出版社，1993：1273.

思想研究的传统方法，利用关键词研究，根据“人民日报图文数据库”检索表达民生观念的关键词，对社会主义革命和建设进程中民生观念的演变进行实证分析，根据数据所形成的关于此阶段民生观念建构的变化曲线，验证出民生观念从革命的逻辑向生产的建构逻辑转换。

### （一）从隐性工具到显性主题：民生观念回归本体

民生具有极强的时代特质。从历史唯物主义看来，人的生存与发展的需要总是具体的、历史的，“需要的形成是由于，在人类社会中产生需要的对象，而因此也就生产着需要本身”①。新民主主义革命进程中的民生观念源自革命中满足人民的民生实践，然而随着“无产阶级和共产党在全国政治势力中的比重的增长，就是农民、知识分子和城市小资产阶级或者已经或者可能承认无产阶级和共产党的领导权，就是民主共和国的国营经济和劳动人民的合作经济等。并且，这种社会主义因素不是普通的因素，而是起决定作用的因素。加上国际环境的有利，便使中国资产阶级民主革命的最后结果，避免资本主义的前途，实现社会主义的前途，具有极大的可能性了”②。新民主主义革命的社会主义前途，预示了中国人生存和发展社会条件转化的必然趋势，由此决定了民生诉求与实践必然随之发生相应的转型，并催动民生内涵的丰富和充实，以及民生价值的进一步体现。

在新民主主义革命进程中，反帝反封建的民族与民主革命任务，使得新民主主义革命进程中的民生建设并非一个较为显性的任务，它呈现更多的是为民族国家建构的工具性价值。究其根本，在于人民维持生计和发展的物质条件需要现代民族国家的组织原则保障。历史唯物主义认为，“个人怎样表现自己的生活，他们自己就是怎样。因此，他们是什么样的，这同他们的生产是一致的——既和他们生产什么一致，又和

① 马克思，恩格斯．马克思恩格斯全集：第 12 卷［M］．北京：人民出版社，1962：740.

② 毛泽东．毛泽东选集：第 2 卷［M］．北京：人民出版社，1991：650.

他们怎样生产一致。因而，个人是什么样的，这取决于他们进行生产的物质条件”[①]。“当人们还不能使自己的吃喝住穿在质和量方面得到充分保证的时候，人们就根本不能获得解放”[②]。新民主主义革命时期的“三座大山”和压迫使得劳动者生产的物质条件并不充分，使广大劳动人民甚至无法拥有吃饭的权利和支配劳动果实的权利。“工人革命的第一步就是使无产阶级上升为统治阶级，争得民主。无产阶级将利用自己的统治，一步一步地夺取资产阶级的全部资本，把一切生产工具集中在国家组织即成为统治阶级的无产阶级手里，并且尽可能地增加生产力总量。”[③] 中华人民共和国的成立意味着现代民族国家重构的完结，对外保障国家主权和对内保障社会稳定的独立自主使现代民族国家制度得以确立，而现代民族国家组织建立表明，民生公平正义的维系得到保障，人的生存与发展的社会资源已经被中国人民夺回手中，发展经济、解决民生问题、保障民生福祉已经现实需求。

此外，民生的维护社会稳定价值与民生价值的终极性，也要求民生必然放到首要位置。其一，民生维护社会稳定的价值表现在，其可以有效地协调和化解人民内部的各种利益诉求与利益冲突，实现人与人、人与社会的和谐共生，维护社会秩序的安定、有序。“生存于一定关系中的一定的个人独立生产自己的物质生活以及与这种物质生活有关的东西，因而这些条件是个人的自主活动的条件，并且是由这种自主活动产生出来的。”[④] 新民主主义革命成功后所建立的新型的社会，如要获得社会的稳定与和谐，必须肯定民生的价值，实现人与人、人与社会、人与自然的和谐成长与发展。其二，民生价值的终极性体现在其与人的全面发展的内在互通。由于具备了现代社会主义民族国家的成功建构，这个

---

① 马克思，恩格斯 . 马克思恩格斯选集：第 1 卷［M］. 北京：人民出版社，1995：68.
② 马克思，恩格斯 . 马克思恩格斯选集：第 1 卷［M］. 北京：人民出版社，1995：74–75.
③ 马克思，恩格斯 . 马克思恩格斯选集：第 1 卷［M］. 北京：人民出版社，1995：293.
④ 马克思，恩格斯 . 马克思恩格斯选集：第 1 卷［M］. 北京：人民出版社，1995：123.

充分改善和保障的民生条件，人们才有可能建立民生文明的物质生活和精神生活；由于民生得到了改善和保障，人的各种社会关系和各种能力、素质才得到普遍的、全面的、自由的发展。“使社会的每一成员不仅有可能参加生产，而且有可能参加社会财富的分配和管理，并通过有计划地组织全部生产，使社会生产力及其所制成的产品增长到能够保证每个人的一切合理的需要日益得到满足的程度”①。中华人民共和国成立后，“只是从这时起，人们才完全自觉地自己创造自己的历史；只是从这时起，由人们使之起作用的社会原因才大部分并且越来越多地达到他们所预期的结果”②。民生建设必然会在一个崭新的历史时代里实现价值。

基于此，随着历史与时代转换所造成的人的生存条件的变化和发展，必然致使民生回到其原生态的、直接的、关于人的生存和发展的价值轨道之中。而历史的演进同样证实了，中国共产党并没有把民生的工具性价值绝对化和异化，而是把社会主义民生观念的建构始终保留在其理论视野与实践导向之中。民生观念在新民主主义革命实践中不仅逐步积淀形成，而且必将随着社会主义革命和建设进程而不断得到充实，向着更高层级民生观念演进。

### （二）从“民族民主革命”逻辑到“生产”逻辑：民生观念的形态转化

新民主主义革命时期的民生观念形态属于革命式民生观念，此种观念的实质就是围绕民主革命而形成的对于民生保障和改善的观点与看法。而“新民主主义革命的胜利，社会主义基本制度的建立，为当代中国一切发展进步奠定了根本政治前提和制度基础”③。不过这“只是使中国人民从帝国主义、封建主义和官僚资本主义的压迫之下解放出来，只是使他们从穷困、痛苦、被奴役、被侮辱的地位翻起身来，只是使中国

---

① 马克思，恩格斯．马克思恩格斯选集：第3卷［M］．北京：人民出版社，1995：336.

② 马克思，恩格斯．马克思恩格斯选集：第3卷［M］．北京：人民出版社，1995：634.

③ 胡锦涛，高举中国特色社会主义伟大旗帜，为夺取全面建设小康社会新胜利而奋斗［N］．人民日报，2007-10-25.

已有的生产力获得解放，清除发展生产的障碍，造成继续发展生产的顺利条件，并且使生产的继续发展获得保障，不受内部的和外来的野蛮势力的破坏。但这还不是生产力的直接提高，还不是生产本身的发展，因而就不能很大的提高人民生活水平”[①]。新民主主义革命的胜利只是创造了从事生产的条件。“革命为建设扫清道路。革命把生产关系和上层建筑加以改变，把经济制度加以改变，把政府、意识形态、法律、政治、文化、艺术这些上层建筑加以改变，但目的不在于建立一个新的政府、一个新的生产关系，而在于发展生产。”[②]“因为生产事业的发展，劳动生产率的提高，乃是全体人民一切物质福利和精神福利的基础。”[③]由此开始，民生不再为民主革命服务，不再是民主革命的工具，而成为民生本身。社会主义革命和建设进程中的民生本身乃是通过恢复生产积累物质基础来保障民生，即从为革命的民生转向了为生产的民生。民生观念也从民族国家建构逻辑转到生产逻辑的建构阶段。

生产本就是民生内涵原有之意，它是民生中的基本要素之一。广义上的生产指的是社会财富的创造，包括物质资料、精神产品和人的繁衍。狭义上的生产就是指生活资料和生产资料即物质财富的创造过程。生产是保障民生和改善民生的最直接的手段，生产的状况是反映社会发展和人的生存状况的重要指标之一。社会生活需要和社会生产需要其本质上具有一致性。生产是生活的前提和保障，生活则是生产的归宿，没有生活需求，生产就显得毫无意义。如马克思所言，“通过社会生产，不仅可能保证一切社会成员有富足的和一天比一天充裕的物质生活。而且还可能保证他们的体力和智力获得充分的自由的发展和运用”[④]。接下

① 中共中央文献研究室 . 建国以来重要文献选编［M］. 北京：中央文献出版社，1993：525-526.

② 毛泽东文集：第 7 卷［M］. 北京：人民出版社，1999：182.

③ 中共中央文献研究室 . 建国以来重要文献选编［M］. 北京：中央文献出版社，1993：527.

④ 马克思恩格斯选集：第 3 卷［M］. 北京：人民出版社，1995：757.

来，我们根据“人民日报图文数据库”所检索的数据，对社会主义革命和建设时期的民生观念中的生产逻辑的转化、内涵和类型以及对民生观念的影响等，进行分析验证，从而依据历史背景和文本解读概括出此时代的民生观念的基本形态。从1949—1976年“生产”这个关键词在《人民日报》频频出现并逐渐成为一个具有统摄性的主流观念。如图3-1所示，自1949年《人民日报》[①]开始以“生产”为标题的文章出现频率较之于以“民主”为标题的文章频次要高。具体说来，在1949—1978年的30年中的任何一年，“生产”的出现频次全部高于“民主”的出现频次，而且频次率呈现反比增长的趋势，也就是说，“生产”在某一年出现的频次越高，相对应的“民主”出现的频次则会降低。而1949—1962年间伴随“生产”频次的再增长，以“革命”为标题的文章频次也呈现逐年下降的趋势，通过对比说明，社会主义革命和建设进程中，民主革命的话语较之“生产”在逐渐地弱化，而“生产”则逐渐成为一个更加主流的话语形态。我们还可以看出，“生产”分别在1950年和1958—1961年两个时间阶段内出现了频次的高峰。1950年达到了1479次，平均每期有4篇含有“生产”关键词标题的文章出现，远远高于1949—1978年30年的平均值1.90篇。这表明中华人民共和国成立之初国家和社会对于恢复生产的高度重视和急迫心情。1958—1961年的4年中“生产”关键词在标题中出现的频次都在1000次以上，平均每期含有“生产”关键词标题的文章出现3.8篇，仍然高于1949—1978年30年间的平均值1.90篇。这表明社会主义改造结束以后，随着社会主义制度的确立，中国的农业、手工业、工商业随即进入了一个全面的

---

① 《人民日报》最初为中共晋冀鲁豫中央局机关报创刊，创刊于1946年5月15日。1948年6月14日停刊，并与当年6月15日与《晋察冀日报》合并为中共华北中央局机关报《人民日报》。1949年8月1日，正式转为中共中央机关报，刊名不变。作为中共中央机关报，《人民日报》的最大特质就是能够及时准确、鲜明生动地宣传党中央精神和政府最新政策、决定，反映最广大人民群众的意愿和要求。基于此，本部分利用“人民日报图文数据库”选取数据，数据范围的上限为正式转为中共中央机关报之后。

生产阶段以建立和巩固新生制度的公有制基础。中共八大提出，“人民对于经济文化迅速发展的需要同经济文化不能满足人民需要的状况之间的矛盾”是社会主要矛盾，这个矛盾实际上就是一个“民生需求与满足”之间的民生保障问题。“生产”关键词的高平率出现意味着中国共产党和政府已经获得了保障民生的方法和工具，那就是“生产”，即以生产保民生的观念。同时这也体现出，中国共产党、政府在满足人民经济文化需要的任务进程中，对民生保障和发展生产力之间内在规律的清晰探索和清醒认知。如毛泽东所言：“我们的根本任务已经由解放生产力变为在新的生产关系下面保护和发展生产力。”①此时的民生改善的可能性便随着生产的提升而进一步得到增强。在生产民生观念的指导下，中华人民共和国成立以来，民生状况得到了极大提高。各项民生指标皆处于正向的分布状态。即使在“抓革命，促生产”的民生观念发生异化的时期内，“生产”依然被认为是“革命”的目的价值。

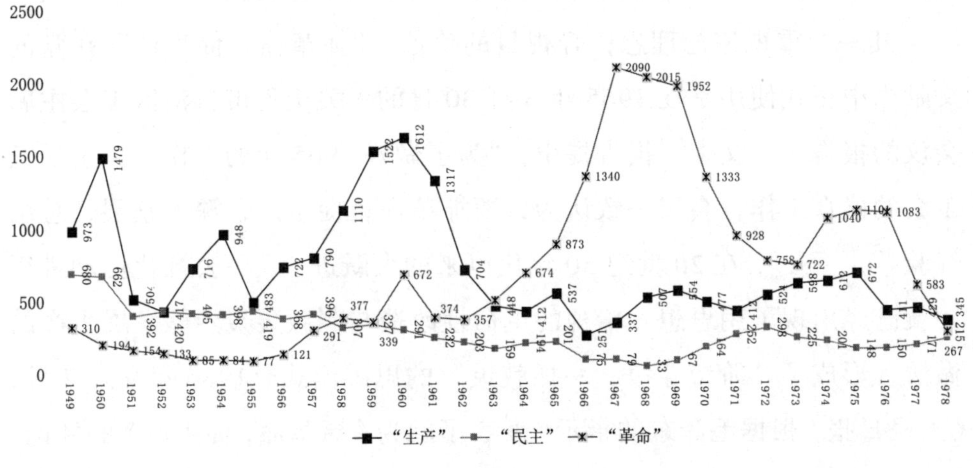


图 3-1 《人民日报》标题含有“生产”“民主”“革命”的文章频次对比图（1949—1978）

数据来源：根据人民日报图文数据库数据整理

① 毛泽东．毛泽东文集：第7卷［M］．北京：人民出版社，1999：218.

### （三）“抓革命，促生产”：民生观念发生异化

正当民生观念中的“生产”逻辑逐渐得到认可时，“抓革命，促生产”观念逐渐被引入。如果我们放在当时的历史条件下去审视“抓革命，促生产”，就会发现此观念本身并没有什么问题，反而具有某种科学性。彼时的社会状况是，新生的社会主义生产关系与上层建筑确有与生产力的发展不相适应、不相协调之处。“抓革命”不过是毛泽东经过深思熟虑后的一种破除对生产力束缚的某些环节的一剂“良方”。毛泽东在“革命加生产即能解决吃饭问题”①这个被他认作是真理的认知下，“抓革命，促生产”完全可以被认为是毛泽东促进社会主义建设的基本思路。但是，这一思路的科学性以及产生的实际效果却呈现明显的异化特质。如图3-1所示，1949—1962年，“革命”的频次已经让位于“生产”的频次，然而自1963—1977年15年间，“革命”频次始终超过“生产”出现的频次，“革命”话语系统实现了复归。这表明民生观念中逻辑出现了反转，其异化形态主要表现在以下三个方面。

其一，重视道德理想，轻视目的价值。“抓革命，促生产”在党的文献当中正式使用是在1965年3月30日的《关于省市自治区工会主席会议的报告》一文中。报告提出：“为了做好1965年的工作，为了活跃工会的群众工作，会议一致认为，要抓革命，促生产，深入基层，总结经验。”②不过，在20世纪50年代以来的大跃进、人民公社化运动进程中就已经出现了用思想、精神的革命性改造与刺激轰轰烈烈发展生产的做法，形成了“阶级斗争，一抓就灵”的思维模式。1966年9月7日，《人民日报》根据毛泽东的指示，发表了题为《抓革命，促生产》的社论。文章提出的“抓革命”其实就是人思想的革命。1966年12月9日，中共中央政治局扩大会议所通过的《关于抓革命、促生产的十条规定（草

① 毛泽东．毛泽东选集：第4卷［M］．北京：人民出版社，1991：1512.

② 中共中央文献研究室．新中国成立以来重要文献选编：第20册［M］．北京：中央文献出版社，1993：118.

案)》指出:"开展无产阶级文化大革命,就是为了促进人的思想革命化,带动生产的发展。"由此可以看出,"抓革命"本来很大意义上作为一种解决生产关系与生产力,经济基础与上层建筑之间的不协调的方式,在当时已经转化为思想与精神的革命化。这就使得民生改善的方向发生了偏离和异化,逐步把保护和发展生产力来保障民生的理念转向了用思想革命促进生产力发展上。民生改善的"生产"逻辑被迫转向了"精神道德"逻辑上来。

其二,强调发展生产,轻视发展规律。"抓革命,促生产"就是用革命的方式达到发展生产的目的。"抓革命"的方式最初的涵义应表达为:清除束缚生产力的阻碍,使生产关系、上层建筑与生产力相适应,从而促进生产力的发展和人民生活水平的提高。但是在实际的操作中,却又是在违反社会发展的一般规律,片面、过度地强调生产关系和上层建筑的反作用,错误地认为,中国社会已经达到了一种不变革生产关系生产力就无法解放和发展的地步,忽略了变革生产关系和上层建筑所必然具备的生产力基础。"政治是经济的集中表现,不搞上层建筑的革命……不巩固无产阶级的领导权,怎么可能进一步巩固社会主义的经济基础,进一步发展社会主义的生产力呢?"① 毛泽东曾经提出,革命的目的不在于建立新生产关系,而是在于生产,但现实操作中却出现了完全相反的情形,革命的目的俨然已经由生产变成了变革生产关系本身。"生产挂帅"逐渐演化成了"政治挂帅"。

其三,主张继续革命,轻视人民生活。"抓革命,促生产"作为"无产阶级专政下继续革命"理论的概括性表述是一个具有纲领性意义的统摄概念。毛泽东认为,"经济上消灭阶级不等于政治思想上消灭阶

① 中国人民解放军党史党建政工教研室,"文化大革命"研究资料:中册[C].北京:国防大学出版社,1988:320.

级”[①]。因此他认为在政治战线和思想战线上仍然要进行彻底的革命。“抓革命，促生产”的主张就是一个极好的例证，也就是说，即使是生产的发展仍然需要革命的助推，因为，人的主观能动性和自觉性需要思想的改造。这反而造成了一种似是而非的认识，即只要抓住人的思想改造，生产自然会得到提升。“这并不是以革命代替生产，而是要用革命统帅生产，促进生产，带动生产”[②]。而在现实中，“阶级斗争”实际上逐渐取代了“生产”，“抓革命，促生产”异化为不惜一切代价的“抓革命”，哪怕是破坏生产。如此一来，人民本应由生产来保障的生活自然就失去了根基而逐渐地被边缘化了。如图 3-2 所示，1949—1982 年《人民日报》标题含有“生活”文章频次的变化情况，表明“生活”这个关键词自 1949—1965 年，其使用频率处于正向分布状态。这就意味着，“文化大革命”前党和政府对于人民群众生活的直接关注度是在提升的。然而自 1966 年开始，以“生活”作为标题的文章急剧下降，即由 1965 年的 64 次跌落至 1966 年的 24 次，自此，“生活”的使用频率一直处于十位数以内，从未像 1965 年以前那样超过百位数。这表明“文化革命”已经影响到了党和政府对于人民生活的直接关注，党和政府的注意力已经转向了“革命”。而这一现象一直延续到改革开放后的 1979 年，该年“生活”的频次由 1978 年的 69 次增加到了 158 次，其后数年的出现频次皆保持在 165 次以上，说明在破除“阶级斗争为纲”后的中国更加注重了对人民生活的直接关注。

① 中共中央文献研究室．建国以来毛泽东文稿：第 7 册［M］．北京：中央文献出版社，1992：553.

② 中国人民解放军党史党建政工教研室，“文化大革命”研究资料：中册［C］．北京：国防大学出版社，1988：320.

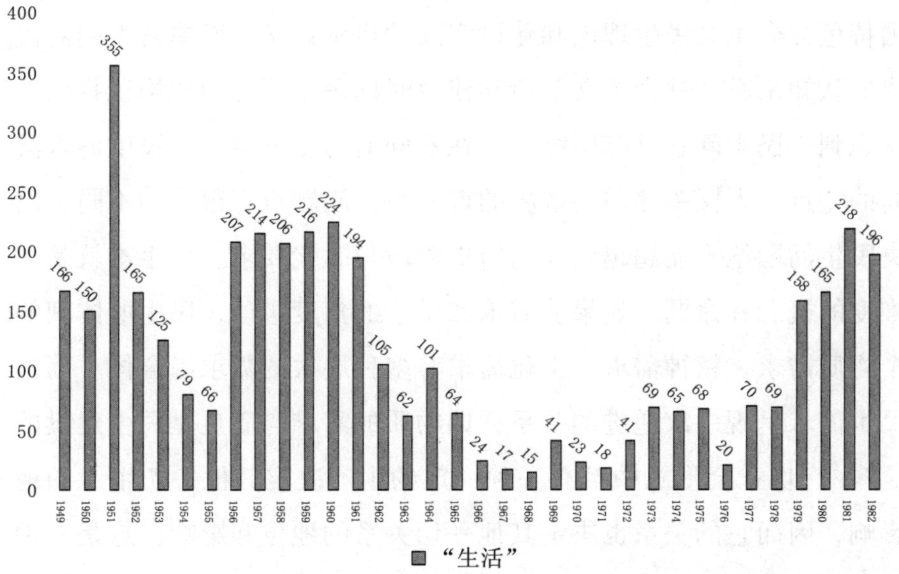


图 3-2 《人民日报》标题含有“生活”文章频次图（1949—1982）

数据来源：根据人民日报图文数据库数据整理

以上选取了社会主义革命和建设时期表达彼时民生观念的“革命”“生产”“民主”“生活”四个主要关键词，利用“人民日报图文数据库”进行标题检索，通过检索出含有以上四个关键词的文章进行数据的统计分析，根据数据所形成的关于此阶段民生观念建构的变化曲线，从而验证出彼时民生观念建构的逻辑转换进程和规律。通过以上解析，我们可以看出，文中的数据曲线与实际的民生实践以及民生建设的实际效果的演变是相互吻合的，这就意味着，以关键词研究和数据库方法是可以较为准确地验证民生观念建构历程与形态的。

## 四、民生层级性与价值终极性：民生观念建构的启示

社会主义革命和建设时期民生观念的建构理路并非一帆风顺和直线式的，而是呈现出某种反复性和曲折性，表现出民生观念的建构曾经步入误区。但是不可否认，彼时的民生观念不论是正确的探索，亦或轨

道的偏离，这是中国共产党成为执政党以后民生建设的经验积累，揭示了中国特色社会主义民生理论和建设实践的启示意义。而单就人们对民生规律的认知来看，社会主义革命和建设时期民生观念的建构让我们清醒地认识到，民生问题具有层级性。在不同的历史境遇中，民生诉求具有不同的特点，人民关注需要解决的现实民生问题也有很大的不同，因此解决民生问题绝不能超越当前的历史阶段与时代要求。民生本就是一个多维度的概念和命题，如果从需求和供给的角度来谈，民生所体现的是一个物质需求、精神需求、文化需求等多种层次的需求组合体。而且这些民生需求呈现一次递进的关系，即物质的需求与满足是民生建设的基础。“在一切社会形式中都有一种一定的生产决定其他一切生产的地位和影响，因而它的关系也决定其他一切关系的地位和影响。这是一种普照的光，它掩盖了一切其他的色彩，改变着它们的特点。这是一种特殊的以太，它决定着它里面显露出来的一切存在的比重。”[①] 所以，基于历史唯物主义，物质的生产是历史的首要前提。没有生活资料和生产资料的满足，就不可能满足更高层级的民生需求。其他的民生需求虽然高于基本的物质需求，但是它们却全部受制于物质生活的生产方式。

在社会主义革命和建设时期的民生观念中，初期的认知中基本遵循马克思主义这一基本原则，为了解决落后的社会生产无法满足人民物质文化需求，即基于“生产”的逻辑，通过大力发展工农业的生产保障和改善民生。现实的效果也证实了其合理性，人民的生活水平得到了一定的改善和提高。但是 20 世纪 50 年代末期以来，随着“革命”逻辑的复归，“生产”逻辑遭到忽视，表明民生的物质保障已经难以获得。质言之，民生的物质前提已经由生产保障转化成了“革命”保障，如前所论证，“革命”就意味着突出思想道德的革命化和政治化。也就是说，民生被思想道德和政治所规划而非是物质生产。这不仅仅是民生层级性

① 马克思，恩格斯. 马克思恩格斯全集：第 46 卷，上［M］. 北京：人民出版社，1979：44.

认知的偏失，同时也是对民生所具有目标价值的模糊认知，也就是说，民生这个党和政府为之奋斗的目标，社会发展的终极目标在社会主义建设的初步探索时期被“革命”价值目标的绝对化所取代。而革命不能够游离于生产之外，无法脱离生产单独存在的原理，在新民主主义革命进程中已经得到证实，而且早已被人所熟知。

# 第四章　改革开放进程中社会主义民生观念的矫正与转型

改革开放40余年的现代化进程是社会主义民生观念的重要发展期。它不但矫正了“文革”时期民生观念的异化，而且实现了对民生主义的接续与转型，揭示出了改革开放的进程与民生观塑造的进程具有双向互动性，进而形成了以经济民生、政治民生、文化民生、社会民生和生态民生为内涵的“五位一体”的社会主义民生观。

## 一、改革开放实现对民生观念的矫正：民生观念的归位

自孙中山明确提出民生主义后，民生主义就被视为现代化的核心价值追求。民生主义体现出对传统民本思想转化的最初表达。中华人民共和国成立后，民生观念从民族民主革命的逻辑转向了“生产”的逻辑，中国共产党在社会主义改革开放的进程中赋予了其时代内涵与表述方式。

### （一）民生观念的异化催生出改革开放

孙中山提出民生主义的初衷是为了使中国的现代性建构避免西方现代性出现的贫富不均、两极分化等弊端。民生主义在反思西方现代性“恶果”的基础上，试图通过“均地权以实现国民共享”“兴实业以发达

国家资本”，力求实现“举政治革命、社会革命毕其功与一役”的现代社会组织蓝图。民生主义在中国现代性建构道路上的启蒙意义深深地影响着中国共产党。中国共产党成立之后至 1949 年，“推翻国际帝国主义的压迫，达到中华民族完全独立”成为其对中国现代性建构中需要解决的首要问题。民族独立是民生的前提，没有民族自主性民生便无从谈起。因此，围绕“民生”建构民族国家的自主性问题成为了中国现代社会组织蓝图的基本目标之一。中华人民共和国的成立，意味着近代以来继辛亥革命后对民族国家的崭新重构。由此，民生价值目标——“不否认私有财产制，但须使工人有工作，并改良劳动条件，农民有土地，并废除苛捐杂税重租重利。学生有书读，并保证贫苦者入学，其他各界都有事做，能够充分发挥其天才。一句话，使人人有衣穿，有饭吃，有书读，有事做”①——的实践前提得以实现。由于在社会主义革命和建设初步探索的进程中，民生观念的建构经历了从“生产”逻辑向“革命生产”逻辑的异化，因注重追求社会公平造成平均主义的普遍贫困化；过多地把民生问题的解决置于理想化的革命道德之下，忽视市场与效率的法则，致使人民的生活处于较低水平。“从 1958 年到 1978 年整整 20 年里，农民和工人的收入增加很少，生活水平很低。”② 如图 4-1 所示的职工实际货币工资增长率情况，1952—1957 年的 6 年间均保持了正增长，平均增长率达到 5.16%。而 1958—1978 年的 21 年间，有 13 年呈现负增长，导致平均增长率仅为 -0.54%。在异化的民生观念指导下的民生政策与民生实践也随之偏离了符合国情和发展阶段的正确发展方向。因此，民生观念中“革命”逻辑的困境催生出了改革开放的价值合理性。

① 毛泽东 . 毛泽东选集：第 1 卷［M］. 北京：人民出版社，1964：236.

② 邓小平 . 邓小平文选：第 3 卷［M］. 北京：人民出版社，1993：264.

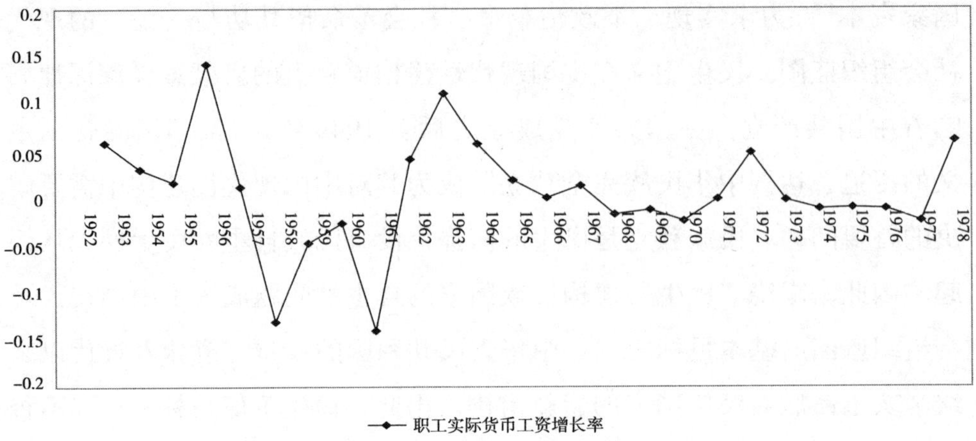


图 4-1 1952—1978 年职工实际货币工资增长率

数据来源：根据新中国 60 年统计资料汇编整理

落后的社会生产力、普遍化贫穷的民众生计、落后的科技与教育以及停滞不前的民主法治建设等如此突显的民生问题，显然是对“把一切生产工具集中在国家即组织成为统治阶级的无产阶级手里，并且尽可能快地增加生产力的总量”[①]这个首要任务的背离。因为“生产力的这种发展之所以是绝对必需的实际前提，还因为如果没有这种发展，那就只会有贫穷、极端贫困的普遍化；而在极端贫困的情况下，必须重新开始争取必需品的斗争，全部陈腐污浊的东西又要死灰复燃”[②]。因此，民生问题不会随着无产阶级获得政权而自行消解，而是随着社会组织蓝图的重构而渗透到社会各个领域。为了破解民生迷局，邓小平清醒地认识到生产力的发展对于民生建设的基础意义，于是大声疾呼：“社会主义的优越性归根到底要体现在它的生产力比资本主义发展得更快一些、更高一些，并且在发展生产力的基础上不断改善人民的物质文化生活”[③]。社会

① 马克思，恩格斯．马克思恩格斯选集：第 1 卷［M］．北京：人民出版社，1995：293.
② 马克思，恩格斯．马克思恩格斯选集：第 1 卷［M］．北京：人民出版社，1995：86.
③ 邓小平．邓小平文选：第 3 卷［M］. 北京：人民出版社，1993：63.

主义现代化建设过程中“讲社会主义，首先就要使生产力发展，这是主要的。只有这样，才能表明社会主义的优越性。社会主义经济政策对不对，归根到底要看生产力是否发展，人民收入是否增加。这是压倒一切的标准”[①]。而实现这些标准的根本方法就在于发展经济，如邓小平所言：“我们干革命几十年，搞社会主义三十多年，截至 1978 年，工人的月平均工资只有四五十元，农村的大多数地区仍处于贫困状态。这叫什么社会主义优越性？因此，我强调提出，要迅速地坚决地把工作重点转移到经济建设上来。”[②] 十一届三中全会以来，中国的现代性建构进程中的民生观念获得了实践意义上的矫正与转型并顺应了改革开放的时代要求。

（二）民生观念获得改革开放的重新启蒙

由于中国的现代性建构并非内生性的，而是西方坚船利炮强加的。所以中国人对西方的现代性明显带有一种防范心理，在中国现代性建构进程中对西方现代性的反思和批判。也就是说，中国一直在追求自身现代性的内源性，从而建构既能够消除西方现代性“恶果”，又要借助于西方现代性理性主义的示范效应，而且还要具有体现中华民族特质的现代性建构之路。改革开放前的民生观显然只是在注重防范、批判、超越资本主义现代性多导致的民生不平等，而忽略了现代性理性主义的示范性在当时历史语境中满足民生诉求的必然性。

改革开放让中国的现代性建构进入了一个崭新的历史阶段。改革开放的意义并不仅限于为民生建设提供动力，其更深刻性地表现在它实现了对中国现代性的第二次启蒙。通过解放思想、实事求是培育了理性精神，科学、理性地对民生观念进行了重新的“价值判断”，实现了民生观念的理性重写。理性精神是现代性建构的核心理念。改革开放所确

① 邓小平 . 邓小平文选：第 2 卷［M］. 北京：人民出版社，1994：314.
② 邓小平 . 邓小平文选：第 3 卷［M］. 北京：人民出版社，1993：10-11.

立的理性精神是以解放思想、实事求是为基本内涵和价值取向的。民生问题的解决必须按照社会经济发展的规律办事，民生观的注意力从此由阶级斗争、精神革命转向了经济建设。改革开放的启蒙价值在于它不但复归了民生作为中国现代化建设的发展目标，而且遵循着现代性建构的基本规律，对民生观中的异化因素进行了彻底矫正，即确立市场原则、科技理性、效率优先等在现代性建构中的优先地位。不过，改革开放对于民生观的启蒙更具有创造性和超越性的价值在于，邓小平所设计的改革开放在恢复现代性工具理性解决民生诉求的同时，并没有舍弃对现代性悖论的防范，而是建立起了在发展市场经济、重视效率的背景下的共同富裕——这个民生平等价值的社会主义本质命题，同时提出了制定、践行民生政策的“四人民”标准，表达了改革开放启蒙中所追求的强烈的民生意识。

改革开放通过对社会主义与现代性成长的现实把握，立足于“后发外生”的初级阶段，使民生观与马克思主义和中国特色相融合统一，不仅开拓出了满足民生诉求的独特道路，而且为民生观的转型与升级提供了思想源泉，并指明了发展方向。

## 二、改革开放以来民生观的转型升级：“五位一体”的民生观念的建构

伴随着社会主义现代性建构的持续深入，民生观念由经济民生转向政治民生、文化民生、社会民生、生态民生组合而成的“五位一体”的民生观念。对“五位一体”的社会主义民生观念的概括虽然源自于新时代以来对中国特色社会主义事业“五位一体”总体布局的新概括，但事实上，中国特色社会主义事业“五位一体”总体布局的形成却来自于人民对经济、政治、文化、社会、生态的新期待和新需求。改革开放以来，民生观念的转变表现出中国共产党始终没有停止对改善民生的思考和对民生建设的实践。

（一）经济民生：从经济发展到科学发展

经济民生是指物质层面的民众的生存、生活和生计等状态。经济民生构成了“生存型民生”的最基本内容。经济民生建设以生产力的发展为前提，主要解决与民众生存所必需的基本生活如衣、食、住、用、行等问题，使民众逐步实现共同富裕，从而为民众的发展机会与发展能力提供基本物质条件。物质生活是人生活内容的基础，因此，排斥民众的正当物质需求，忽视民众的生活水平，是有损于社会有机体和人自身生存与发展的，经济民生乃是解决一切民生问题的物质基础。

历史唯物主义强调：“我们首先应当确定一切人类生存的第一个前提，也就是一切历史的第一个前提，这个前提就是：人们为了能够‘创造历史’，必须能够生活。但是为了生活，首先就需要衣、食、住以及其他东西。因此第一个历史活动就是满足这些需要的资料，即生产物质生活本身。”[①] 改革开放正是民众对人类社会最根本的活动形式，“文革”期间对生产力的破坏使得中国人的生存和发展缺乏物质基础。因此，当时最大的民生是解决人民群众的生存问题，即由需求短缺造成的“吃饭”问题和“贫困”问题。而摆脱贫困、消灭贫穷必然要把发展生产力放在一切发展的首要位置。为此，邓小平根据社会主义根本任务是发展生产力这个基本逻辑，矫正了“文革”的民生观念，建构起“以经济建设为中心”的中国式的民生观建构范式。他解释道，政治工作的重要性不言而喻，但是“经济工作是当前最大的政治，经济问题是压倒一切的政治问题。不只是当前，恐怕今后长期的工作重点都要放在经济工作上面”[②]。即使是政治问题也是要通过经济问题才能解决，“政治工作要落实到经济上面，政治问题要从经济的角度来解决。比如落实政策问题，就业问题，上山下乡知识青年回城市问题，这些都是社会、政治

① 马克思，恩格斯．马克思恩格斯选集：第1卷［M］．北京：人民出版社，1995：46–47.
② 邓小平．邓小平文选：第2卷［M］．北京：人民出版社，1994：194.

问题，主要还是从经济角度来解决。经济不发展，这些问题永远不能解决”①。如图4-2数据展示，1979—2012年《人民日报》标题含有“经济”和“革命”两个关键词的文章频次反差巨大。“经济”自始至终完全压制住了“革命”，而在“文革”之前却呈现完全相反的现象，即“革命”始终在压制“经济”。甚至在1966—1976年的11年间，“革命”的出现频次的平均值为1305.6次。“革命”频次的突降始于1977年，即从1976年的1083次迅速下降至583次，降幅约为47%，而1979年恰恰又是“经济”频次的高升期，即从1978年的395次升至637次，增幅达到38%。值得提一提的是，在1978年以前“经济”的出现频次从未达到过500次。这说明“以经济建设为中心”的中国式的民生观建构范式已经取代了以“革命”“阶级斗争”为主题的民生观念，中国民生观念的建构重新进入了基于历史唯物主义验证的“物质性生产实践”的科学轨道之中。用发展经济建设的手段不断改善人民的生活水平不但抓住了我国现阶段社会的主要矛盾，而且符合马克思主义的生产理论，更加符合民生的急迫期待。

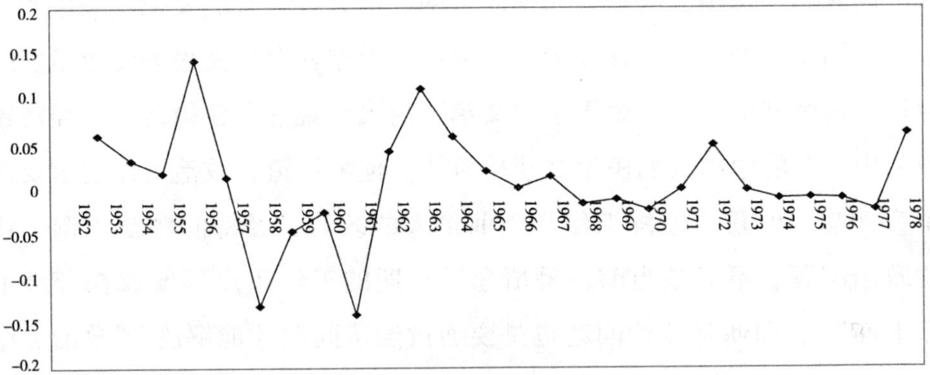


图4-2 1979—2012年《人民日报》标题含有“经济”“革命”的文章频次对比图

数据来源：根据人民日报图文数据库数据整理

① 邓小平.邓小平文选：第2卷［M］.北京：人民出版社，1994：195.

为了解决由生产资料和生活资料匮乏而导致的生存问题，发展经济成为解决生存问题的根本途径具有了天然合理性，一切因素都在“发展中成长”。用发展经济的驱动程序保障和改善民生是中国共产党执政活动与时俱进的主旋律。经济发展虽然可为民生建设提供物质保障，但并不意味着它就能自动直接地惠及民生，如此一来就需要探讨一个更深层次的问题，即发展经济是手段还是目的的问题。如果把经济作为发展的目的本身就会把经济发展的注意力集中到物质的积累上，从经济绩效上看，高资本积累率不会必然导致人的生活水平的提高。如果政策失当，反而会造成高资本积累率与低生活水平反比增长的不良结果。需要与满足之间的矛盾生成了民生问题，而发展经济的工具性价值则在于它能够满足人的多层次、多维度的合理性需求，这才是讨论经济民生的核心要义。

中国共产党在改革开放以后将注意力转向了以经济发展关切和实践人民生存权与发展权为内质的“养民民生”的价值上来，此价值主要表现在中国共产党和中国政府在经济发展的观念中渗透出民生的意蕴，即谈经济必定涉及人民的生计问题如收入、供给、消费等问题。1979—1992 年间，根据“人民日报图文数据库”对“经济”的检索统计表明，党和政府的经济民生观念，即在含有“经济”的报道中，含有如“效益”“质量”“贫困”“收入”等民生指标关键词的占了 86.3%；而论及经济增长或经济速度的仅占 2.7%；其他如“经济运行”“经济规模”“国民经济”“经济建设”“经济结构”等关键词的占 11%。这与 20 世纪 80 年代的经济发展思路有莫大的关联。1981 年的《政府工作报告》中首次提出了“经济效益”的概念，并将其作为经济建设的重要指针。党的十二大进一步将提高经济效益作为我国经济建设奋斗目标的重要环节。党的十三大更是把经济效益作为我国重大经济战略方针。也就是说，经济发展虽是关键，但是经济发展的落脚点一定不是为了经济增长，而是如邓小平所指出的：“讲社会主义，首先就要使生产力发展，这是主要的。只有这样，才能表明社会主义的优越性。社会主义经济政策对不对，归根到底要看生产力是否发展，人民收入是否增加。这是压倒一切的标准。”[①] 所以，基于广大人民实实在在的物质利益，提高人民的生活水准就成为经济发展的行动准则。

然而这一现象从1993年开始却发生了某种程度的波动，《人民日报》论及经济的“增长”或“速度”的报道篇数明显增加。这就意味着，党和政府对于经济发展的策略发生了一定程度的转向，即经济发展侧重于提高资本积累率。此种倾向我们又可以通过“历年中央经济工作会议”的精神的分析得到印证。如表4-1所示，自1994—2003年间，中央经济工作会议所定调的经济发展目标都把发展的速度放在优先考量的位置，即以“快”为主，以“好”为辅。这表明党和政府希望通过高增长、高积累尽快满足民生需求的愿望，但是这却容易造成过度追“快”经济而忽略“好”经济的异化现象。不过2002年和2003年的目标定位中添加了“协调”这个要素，意味着对经济发展开始反思增长式的经济发展。到2004年和2005年，目标定位则已由过去的“快速”转变为“较快”，明显这是中央释放出的在某种程度上限速经济增长、强化经济质量的信号。2006年，中国经济发展目标基调则实现了彻底的转变，“又好又快”的定位已经明确提出，经济的发展突破了一味追求经济增长速度的发展观念，而转向了注重发展的整体性、发展质量和发展价值的“包容性增长”（inclusive growth）观念中来。“包容性增长”的民生价值意蕴首先在于其提出的目的就在于治疗和规避收入不均、分配不公、机会不等的现象，而这些现象恰恰是经济增长附加的消极因素。其次，“包容性增长”强调在利用全面、协调、可持续的增长方式保持一定的经济增速的前提下，保障更多的人参与到发展中，并且受惠于发展，使经济增长建构成为一个具有包容最大多数人民的增长。“中国是包容性增长的积极

① 邓小平．邓小平文选：第2卷［M］．北京：人民出版社，1994：314.

倡导者，更是包容性增长的积极实践者。我国强调推动科学发展、促进社会和谐，本身就具有包容性增长的含义。我们既强调加快转变经济发展方式、保持经济平稳较快发展，又强调坚持把发展经济与改善民生紧密结合起来，以解决人民最关心最直接最现实的利益问题为着力点，大力推进以改善民生为重点的社会建设。”① 由此可见，民生价值在“包容性增长”目标中已经得到了具体的展现。

表 4-1“历年中央经济工作会议”的目标定位统计（1994-2012）

| 时间 | 会议目标基调 |
|---|---|
| 1994 年 | 实现国民经济持续、快速、健康发展和社会全面进步 |
| 1995 年 | 促进国民经济持续、快速、健康发展和社会全面进步 |
| 1996 年 | 促进国民经济持续、快速、健康发展和社会全面进步 |
| 1997 年 | 稳中求进，继续保持一个较快的发展速度 |
| 1998 年 | 保持国民经济持续快速健康发展和社会全面进步 |
| 1999 年 | 保证国民经济持续快速健康发展，促进社会全面进步 |
| 2000 年 | 促进国民经济持续快速健康发展和社会全面进步 |
| 2001 年 | 促进国民经济持续快速健康发展和社会全面进步 |
| 2002 年 | 促进国民经济持续快速健康发展，实现速度和结构、质量、效益相统一 |
| 2003 年 | 实现国民经济持续快速协调健康发展和社会全面进步 |
| 2004 年 | 继续加强和改善宏观调控，确保经济平稳较快发展 |
| 2005 年 | 稳定宏观经济政策，保持经济平稳较快增长的良好势头 |
| 2006 年 | 推动经济社会发展切实转入科学发展的轨道，努力实现国民经济又好又快发展 |
| 2007 年 | 深入贯彻落实科学发展观，更加重视改善民生和促进社会和谐，推动国民经济又好又快发展 |
| 2008 年 | 深入贯彻落实科学发展观，加强社会建设加快解决涉及群众利益的难点热点问题，促进经济社会又好又快发展 |
| 2009 年 | 通过保障和改善民生促进经济结构优化、增强经济发展拉动力。努力实现经济平稳较快发展 |

① 胡锦涛 . 在第五届亚太经合组织人力资源开发部长级会议上的致辞［N］. 人民日报，2010-09-17.

续表

| 时间 | 会议目标基调 |
|---|---|
| 2010 年 | 着力保障和改善民生，巩固和扩大应对国际金融危机冲击成果，保持经济平稳较快发展，促进社会和谐稳定 |
| 2011 年 | 要把稳增长、控物价、调结构、惠民生、抓改革、促和谐更好地结合起来 |
| 2012 年 | 稳中求进，实现经济持续健康发展和社会和谐稳定 |

数据来源：中国政府网

中国共产党人视发展为第一要务，对于发展价值理性认识的不断超越使发展的新视野和发展的新境界随着民生诉求的提升而得到升华，并实现了从强调发展的工具价值转向注重其工具价值、人文价值和伦理价值的协调发展。发展重点从“以物为本”转向“以人为本”；发展内容从有形资本积累转向提升人民的生活质量；发展成果的检验标准从 GDP 转向人民的幸福指数。中国共产党从提高人民的生存状态、生活质量、生命安全、提高构建发展自身能力等为核心价值的民生现代性构建去牢固树立并切实贯彻创新、协调、绿色、开放、共享的发展理念。对人的价值主体地位与发展文化多样性进行重新确认，力促民生幸福指数持续提升，不仅体现了“五大发展理念”对民生的现实关切，而且体现出对人的终极关怀的价值意蕴，最终探索出一条经济与伦理、财富与人性的兼容并包的经济民生的发展路径。经过 40 多年的改革开放，中国的经济建设成功实现了从计划经济向社会主义市场经济的转变，经济增长迅速，经济质量不断提升，工业化水平这个衡量现代化的主要指标持续提高，人民生活水平从温饱不足发展到总体小康，经济民生问题正在逐步得到解决。

### （二）政治民生：从政治参与到权益保障

政治民生就是指政治层面上人的生存、生活、生计和发展等状态。如果基于政治的视野去审视民生，民生表现为人的生存权利与发展权利的满足问题。主要包括人民对政治权力保障生存和发展；党和政府运用公共权力对人的生存和发展的保障和改善状况等。科学发展观告诉我们，经济民生绝非衡量民生建设的唯一指标，民生建设应该坚持公平正义，力促人人获得发展的机会，实现权利公平、机会均等、分配合理。在充分保障人民享有的经济、政治、文化、社会等各领域权益的基础上，满足人民的物质需要、精神文化需要、社会公共需要，使每个个人都能获得平等参与发展的机会并使经济社会发展成果惠及全体人民。“要坚定不移地发展社会主义民主政治，扩大社会主义民主，更好地保障人民权益和社会公平正义。”① 这就意味着不仅应把民生改善落实到民众的生存这个基本民生层次上，而且更要注重以社会公平正义、政治参与为核心内容的政治民生。

在现代性发展价值取向的引领下，中国的改革开放进入21世纪，经济民生得到了前所未有的建设与发展，伴随社会主义市场经济的持续推进，市场法则和片面追求效率造成了公平难以被兼顾的局面，从而出现了财富增长迅速与贫富差距扩大的趋势。也就是说，民众的社会经济利益不断分化、重组，呈现多元化发展的局面，利益分化、财富集中使大多数人的民生权益无法得到合理的满足，使中国的民生建设处于危险的境地。而这些问题并不是可以利用经济手段或者社会自身的调节所能够解决的。因此，民生对于政治的需求就表现在：第一，由“先增长再分配”导致的利益分配不均衡的矛盾要获得协调和缓解，必然要通过一定的政治途径向社会进行表达和诉求。第二，利益分化所造就的社会不公唤醒公民权利意识、自由精神和平等观念，使得人民更加有意愿和能力参与到政治中，去平等地为了自身民生权利的保障而表达诉求。第三，政治活动对民生领域的重大影响力，决定了民众必然关注和参与政治。“经济发展使社会上的每一个人，每一个集团，每一个阶层都有了

① 胡锦涛.高举中国特色社会主义伟大旗帜，为夺取全面建设小康社会新胜利而奋斗[M].北京：人民出版社，2007.

自己的经济利益，由于有了自己的经济利益，他们就会要求参与政治生活，要求了解政治体系的活动过程，尤其关心政治体系的决策，关心政治体系将会给他们带来怎样的后果。”[①] 从政治参与效果上看，“较高水平的政治参与常常导致国民产品更平等的分配”[②]。公民参与到政治中来可以增进平等和获得权益。第四，民主本身就是一种生活方式，也就是说，民主本身就是人民生存与发展的一种客观存在方式。从此意义上看，民众具有权利的需求，民主政治则是改善民生状况、保证民生绩效和满足民生需求的有效手段。

民生权利的保障需要通过政府的政治职能与责任获得实现。而党和政府具有运用公共权力对人的生存发展的保障和改善的义务与责任。“我们评价一个国家的政治体制，政治结构和政策是否正确，关键要看三条：第一是看国家的政局是否稳定；第二是看能否促进人民的团结，改善人民的生活；第三是看生产力能否得到持续发展。”[③] 由此可见，社会主义民主政治行为准则之一就是民生的保障和改善状况，而且构成了政治合法性的主要依据之一，这同时也反映了一个国家的政治文明程度。当然，“民主建设就不仅仅从追求建构权力与权利的合法性出发来进行，更多地将这种合法性的追求与民主创造经济发展与民生幸福的有效性结合起来，从而使中国的民主建设和发展的战略，从追求形态建设发展为功能开发与形态建设两者兼顾，更加重视民主建设的现实绩效”[④]。中国共产党和政府通过民主政治这个现代政治核心的建设不断地满足人民持续增长的民生诉求。此种利用民主政治引导民生改善，协调和巩固民生建设的范式主要表现在以下几点。

---

① 王沪宁．比较政治分析［M］．上海：人民出版社，1987：237.

② 塞缪尔·P. 亨廷顿．难以抉择［M］．汪晓寿，吴志华，项继权，译．北京：华夏出版社，1988：79.

③ 邓小平．邓小平文选：第3卷［M］．北京：人民出版社 1993：213.

④ 林尚立．民主与民生：人民民主的中国逻辑［J］. 北京大学学报（哲学社会科学版），2012（1）：121.

其一，民主政治可以保障扩大公民有效政治参与的深度和广度。充分保证民众对于生存与发展问题的表达权利，当然此种表达不仅是民生诉求的表达，而且还在于民生政策制定过程中突出协商民主制度，对于设计重大民生利益的问题进行广泛的协商，让各个利益群体平等地表达民生诉求，从而实现决策进程中的民主参与，提升政策惠及民生的实施效能。另外，扩大公民有效政治参与还有利于民众对于执政党民生政策的评判和反馈。就像邓小平所指出的："中国实现四个现代化政策的持续性，不是由个人因素决定的，关键在于这些政策是否正确，人民是否赞成，对人民是否有好处。如果这些政策是正确的，对人民有好处，又得到人民的支持，政策的持续就有了根本的保证。"[①] 质言之，人民对于自己生存和发展满意度作为衡量民生政策实施效果的标准，而不仅仅是生硬的经济增长指数。综上所述，可以得出如下结论：基于坚持机会平等的原则基础上，民生诉求表达机制和渠道越畅通，民生问题则越少和越小，民生建设就越进步。

其二，民主政治具有利益整合的功能。随着改革开放的不断深入，特别是随着社会主义市场经济体制的持续推进，在先富带动后富，"效率优先兼顾公平"的原则指导下，我国的经济发展取得了举世瞩目的成就，社会财富急剧增长，但贫富差距扩大、公平得不到兼顾的现象也有所暴露。社会主义民主政治建设面临的是一个由经济成分、组织形式、利益分配、就业方式等多样化造就的新的社会阶层和一个利益主体多元化的格局。因此"如何正确分析和把握新的变化，及时恰当地调整好现阶段阶级阶层关系，处理好依靠谁、团结谁、限制和引导谁以及防范和打击谁的问题，已经成为中国共产党继续推进中国特色社会主义建设必须解决好的一个重大而紧迫的理论和现实问题"[②]。民主政治以保障人的

---

① 中共中央文献研究室．邓小平年谱（1975–1997）：上［M］．北京：中央文献出版社，2004：481.

② 李晖．执政党的群众基础研究［D］．长沙：湖南师范大学，2008.

生存权和发展权为根本目标，“从人民群众的根本利益出发谋发展、促发展，不断满足人民群众日益增长的物质文化需要，切实保障人民群众的经济、政治和文化权益，让发展的成果惠及全体人民”[①]。民主政治所体现的是尊重和保障人民主体地位与公民权益，注重发挥人民首创精神的执政情怀。因此，社会主义民主政治一旦被激活就毫无疑问地会成为整合群众力量的价值取向与行为准则，即在整合民生利益的过程中应做到纵览全局，惠及各方，不仅坚持全心全意依靠工人阶级，发挥我国工人阶级和农民阶级、其他劳动群众作为推动我国民生建设基本力量的作用，而且还要支持新的社会阶层发挥中国特色社会主义事业建设者的作用，协调各阶层和各群体的利益，调动一切可以调动的因素，凝聚一切可以凝聚的力量，形成强大的群众基础，通过建立健全民生利益表达机制、民生利益分配机制、民生利益补偿机制和民生利益约束引导机制等，建构起完整的、均衡的民生利益协调机制，最终实现民生利益的社会整合。

其三，民主政治为民生建设提供法制保障。民主政治可以通过法律与政策的制定来维护和扩大广大民众的民主权利和各项利益。也就是说，广大民众的生存与发展具有受法律保护的权利和利益。民主政治所要解决的主要问题就是始终关注最大多数人的命运和权益，这是马克思主义政党一切活动的出发点，也是无产阶级的任务。历史唯物主义认为，权益即权利与利益是一个远比需要更为深刻的范畴。人的权益是唯物史观建构的原初始基，并赋予了权益社会历史前进的“原动力”的价值。也就是说，权益构成了物质资料生产这个推动人类社会发展的动力的源泉。马克思指出，“人们奋斗所争取的一切，都同他们的利益有关”[②]。列宁说：“不是直接依靠热情，而是借助于伟大革命所产生的热

① 胡锦涛．在中央人口资源环境工作座谈会上的讲话（2004 年 3 月 10 日）．十六大以来重要文献选编（上）[M]．北京：中央文献出版社，2005：850.

② 马克思，恩格斯．马克思恩格斯全集：第 1 卷［M］. 北京：人民出版社，1956：82.

情，依靠个人兴趣，依靠个人利益，依靠经济核算……否则，你们就不能达到共产主义，否则，你们就不能把千百万人引向共产主义。"[①] 所以，关注并维护民众的权益对激发民众对执政党的认同性以及生产、生活积极性与创造性发挥着内核驱动的作用。2004 年，尊重和保障人权载入宪法，意味着民生观不但注重民众生存与发展的物质基础，而且开始关注公民权益对于生存与发展的保障性作用，同时它为"以人为本"发展理念注入了法理意义。也就是说，随着民众物质财富的持续增加，探讨财富所有权的问题必然会成为民生热点话题。2007 年，物权法的制定与实施，为巩固民生成果、保护民生财富、平衡民生权益、树立民生现代性价值、促进民生和谐提供了可靠而坚定的法律保证。

### （三）文化民生：从物质富裕建设到精神富有

文化民生是指民众生存与发展的文化层面的需求与满足。质言之，文化民生就是在满足物质民生的基础上，超越对物质的片面追逐，凸显鲜活的精神富有与自我的实现，最终为提升人的生活质量与生活意义提供条件和可能。

文化本身就具有人的属性。它首先是存在于人的主观世界之中的，其本质是人的一种存在方式，即表现和确证着人的自由自觉的活动方式。因此文化作为一种把握必然关注人的生存与发展。文化的民生意义"就在于能多大程度地增进人的自由感与幸福感"[②]。"物质贫乏不是社会主义，精神空虚也不是社会主义，社会主义不仅要使人民物质生活丰富，而且要使人们精神生活充实"[③]。中共十七届六中全会审议通过的《中共中央关于深化文化体制改革、推动社会主义文化大发展大繁荣若干重大问题的决定》是对文化民生建设的重大战略部署，明确提出了

---

① 列宁．列宁选集：第 4 卷［M］．北京：人民出版社，1995：571-572.

② 谢军．论文化的本质与文化的先进性［J］．学术界，2008（5）：154.

③ 江泽民．江泽民文选：第 3 卷［M］．北京：人民出版社，2006：85.

文化民生在社会主义现代化建设中的领航作用以及文化民生的战略目标，即“全面建成惠及十几亿人口的更高水平的小康社会，既要让人民过上殷实富足的物质生活，又要让人民享有健康丰富的文化生活……更好满足人民精神需求、丰富人民精神世界、增强人民精神力量”[①]。“既要让人民过上殷实富足的物质生活，又要让人民享有健康丰富的文化生活”[②]。而“满足人民基本文化需求是社会主义文化建设的基本任务”[③]，充分表明文化改革发展应该走民生之路，朝着文化惠民的目标迈进。文化对于民生的意义就在于它为人的生存发展提供思想引导、精神动力和智力支持。基于此精神，我们完全可以梳理出文化民生的建构生长点，就在于“满足人民的精神文化需求”“丰富人民的精神世界”和“增强人民的精神力量”三个方面的内容。

1. 满足人民精神文化需求

满足人民精神文化需求是文化民生的出发点和落脚点，这是由社会主义中国的主要矛盾即人民日益增长的物质文化需要同落后的社会生产力之间的矛盾决定的。由此可见，人民的文化需求一向是与物质需求等量齐观的。中华人民共和国建立前，毛泽东就曾经提出：“随着经济建设的高潮的到来，不可避免地将要出现一个文化建设的高潮。中国人被人认为不文明的时代已经过去了，我们将以一个具有高度文化的民族出现于世界。”[④]1954 年，在《中共中央对中央文化部党组〈关于目前文化艺术工作状况和今后改进意见的报告〉的批示》中就指出了文化艺术对于满足人民精神文化需求的重要性，“文化工作的首要任务是积极地发展适合群众需要的新的文学艺术和电影的创作，同时对民间原有的

---

① 中共中央关于深化文化体制改革推动社会主义文化大发展大繁荣若干重大问题的决定［N］. 人民日报，2011-10-26（1）.

② 同①.

③ 中共中央关于深化文化体制改革推动社会主义文化大发展大繁荣若干重大问题的决定［N］. 人民日报，2011-10-26（1）.

④ 毛泽东 . 毛泽东文集：第 5 卷［M］. 北京：人民出版社，1996：345.

各种艺术和文化娱乐形式应广泛地、正确地加以发掘、利用、改革和发展"[1]。改革开放前夕，邓小平重申了文化的价值和精神文化需求的动态性，"文化也是一门行业，一个领域，这个领域是为劳动者服务的行业。随着生产的发展，精神方面的需要就增大了"[2]。随着社会主义市场经济体制的建立，人民群众的精神文化需求发生了相应的变化，江泽民要求，"要认真研究在改革开放和发展社会主义市场经济的条件下，人民群众在精神文化需求方面发生的变化和发展趋势，努力创造更多更好的精神产品，不断满足人民群众日益增长的精神文化需求"[3]。在改革开放进程中，文化建设事业成就明显，但总体水平和质量与经济社会发展并不相称，同人民群众日益增长的精神文化需求之间存有较大差距，严重弱化了我国经济发展硬实力的含金量，因为精神文化水平和质量已经成为社会文明程度和人民生活质量的衡量标志。随着经济民生建设水平有了较大的提高，民众对精神文化的需求也日益增强，如何创造出多样化、多层次的文化成果满足民众需求及消费，实现文化惠民，提升民众的幸福感与社会的认同感，并为改革开放进程中社会主义现代性的建构提供动力，都需要文化民生的现实与终极关怀。

人民精神文化需求的满足涉及三个方面的基本要素：一是文化权益保障，二是文化产品，三是文化消费。

（1）文化权益保障

物质生存条件的满足必然造成精神文化需求的增高，这就需要更多的文化产品和文化服务去保障此种日益增加的文化需求。文化产品和文化服务一旦无法满足人们的文化需求，其本身就属于对文化权益的最

---

① 中共中央文献研究室．新中国成立以来重要文献选编：第五册［M］．北京：中央文献出版社，1993：18.

② 中共中央文献研究室．邓小平年谱（1975–1997）：上［M］. 北京：中央文献出版社，2004.

③ 中共中央文献研究室．毛泽东邓小平江泽民论世界观人生观价值观［M］. 北京：人民出版社，1997：480.

大侵害。因此保障人民的文化权益是满足人民精神文化需求的最直接和最根本的体现。而且更为重要的是它使得对精神文化满足行为具有了法律意蕴。《世界人权宣言》第 27 条明确规定：人人有权自由参加社会的文化生活，享受艺术，并分享科学进步及其产生的福利；人人对由于他所创作的任何科学、文学或美术作品而产生的精神的和物质的利益享受保护的权利[①]。对保障人民的文化权益主要包括：一是文化创造与参与权益。通过承认与保护广大人民群众这个文化主体的文化创造，激发民众对文化创造的热情与参与度；通过转化民众的文化创造成果，使之产生社会效益。二是文化创造成果的享有权益。权益具有平等价值，作为创造文化成果的劳动者即广大民众理应享有劳动果实的权益。党的十五届六中全会基于党风的高度提出了维护人民文化权益的理念，并把文化权益作为与政治权益、经济权益同等的地位；党的十六大则进一步强调，文化权益作为建设小康社会的重要目标应切实得到尊重和保障；党的十七届六中全会则将人民的文化权益明确为人的基本人权，即从尊重和保障人权的高度推动文化建设，文化一定要以全体人民为服务的对象主体，“保障人民群众看电视、听广播、读书看报、进行公共文化鉴赏、参与公共文化活动等基本文化权益”[②]，保障每一个公民皆能获得和实现参与、分享文化发展成果的合法权益。

（2）文化产品的创造

生产决定消费，这是为大家所熟知的政治经济学原理。要满足人民精神文化需求，文化产品的有效供给乃是前提。文化产品是人的精神活动的凝结，具有知识性、思想性、教育性、娱乐性。文化产品的创造和生产的目的就是为了实现其价值。文化产品生产虽然是用来进行交换的，但其使用却是为了满足人民群众的精神需要。因此，基于此层面意

---

① 联合国世界人权宣言［EB/OL］联合国官网，1948-12-10.

② 中共中央关于深化文化体制改革推动社会主义文化大发展大繁荣若干重大问题的决定［N］. 人民日报，2011-10-26（1）.

义，文化产品对于人的存在尤其是人的全面发展不可或缺，精神产品已经构成了文化的重要载体，润物无声地影响着人的思想观念。“在中国特色社会主义伟大实践中进行文化创造，让人民共享文化发展成果。”[①]文化产品的生产创造主要来自于两大领域，一是政府所提供的基本的公共文化产品，如文化基础设施建设、公共文化服务网络等。政府主导的文化产品具有明显的公益性、基础性、均等性、便利性。即“把主要公共文化产品和服务项目、公益性文化活动纳入公共财政经常性支出预算。采取政府采购、项目补贴、定向资助、贷款贴息、税收减免等政策措施鼓励各类文化企业参与公共文化服务。鼓励国家投资、资助或拥有版权的文化产品无偿用于公共文化服务”[②]。公共文化产品的使用价值在于满足全体社会成员的最基本精神文化需求，其公益性质决定了它必然以社会效益而非经济效益为价值取向。二是文化产业所提供的精神文化产品。文化产业就是以工业标准，以满足人的精神文化需求为目标而开展的生产与服务活动。在此文化体现出明显的经济功能，它是满足人民群众除基本文化需求之外多层次、多样化精神文化需求的重要途径。随着我国经济发展，人民的物质需求逐步得到满足，高层次的需求持续出现，尤其是精神文化层面的需求出现了多层次、多类别、个性化的特征。因此，保障和增加文化产品的供给除了政府提供的基础公共文化产品，还需要交给市场去配置文化资源，由文化产业创造出更多展现需求活力的文化产品，为文化民生事业提供产业支持。另外，培育文化产业能够促进科学发展，把文化贯穿于发展的全过程，可为科学发展提供动力与活力。“按照全面协调可持续的要求，推动文化产业跨越式发展，使之成为新的经济增长点、经济结构战略性调整的重要支点、转变经济发

① 胡锦涛.在庆祝中国共产党成立 90 周年大会上的讲话［N］.光明日报，2011-07-02（3）.

② 中共中央关于深化文化体制改革推动社会主义文化大发展大繁荣若干重大问题的决定［N］.人民日报，2011-10-26（1）.

展方式的重要着力点，为推动科学发展提供重要支撑”①，从而实现文化与发展之间的良性互动。“国民经济支柱性产业的标志，是产业创造的增加值占 GDP 比重达到 5% 以上。2004 年我国全部文化产业增加值为 3440 亿元，占 GDP 的 2.15%，而 2012 年仅文化产业法人单位创造的增加值就突破了 1.8 万亿元，占 GDP 的比重达到了 3.48%，我国文化产业的发展速度相对较快，所占比重不断提高，正向国民经济支柱性产业的方向迈进。”② 虽然文化产品商品化、市场化的趋势明显，但是经营性文化产业仍然把追求社会效益作为头等的考量。“在思想文化教育部门和所有从事精神产品的生产或传播的企事业单位，都必须把社会效益摆在首位，在这个前提下讲求经济效益，实现社会效益和经济效益的正确结合，多出好的精神产品，而绝不允许‘一切向钱看’的错误倾向冲击和危害社会主义精神文明建设，更不允许这种错误倾向泛滥而不受到批评和制止。”③

（3）文化消费

党的十七届五中全会明确提出了“扩大文化消费”，带动文化民生建设的新论断，提出“增加文化消费总量，提高文化消费水平，是文化产业发展的内生动力。要创新商业模式，拓展大众文化消费市场，开发特色文化消费，扩大文化服务消费，提供个性化、分众化的文化产品和服务，培育新的文化消费增长点”，这是实现人民群众共享文化发展成果的重要途径④。文化产品的消费是文化产品创造的动力和目的。文化消费情况是检验文化民生建设的重要依据，更重要的是文化消费是拉动

① 中共中央关于深化文化体制改革推动社会主义文化大发展大繁荣若干重大问题的决定［N］. 人民日报，2011-10-26（1）.

② 张贺，文化产业对国民经济贡献逐年加大：访国家统计局社科文司首席统计师关晓静［N］. 人民日报，2013-08-27.

③ 江泽民 . 江泽民文选：第 1 卷［M］. 北京：人民出版社 2006：358.

④ 中共中央关于深化文化体制改革推动社会主义文化大发展大繁荣若干重大问题的决定［N］. 人民日报，2011-10-26（1）.

文化民生发展的内在驱动力。文化产品尤其是文化产业所生产出来的文化产品需要民众的消费才能实现其满足人的精神文化需求的功能与价值。文化产业的发展同样需要文化消费这个动力的牵引拉动。随着我国居民物质财富的增长和积累，其消费能力也在逐年增强和攀升。恩格尔系数定律告诉我们，一个家庭或国家物质上越富有，用于购买生活必需品的支出越会随着收入的增加而减少。也就是说，增加的收入会使得用于文化产品等非物质性的消费品的比重增加。

如图 4-3 所示，1990 年文教娱乐支出在平均每人现金支出中的比重为 8.78%，而到了 2000 年则升至 13.4%，增长了 1.5 倍。而2000 年以后比重则保持在了一个较稳定的水平，说明文教娱乐等文化方面的支出随着收入增长而得以同步提升；同时表明民众的文化产品消费能力不断得到提升，民众的文化消费观念变得更加积极和健康。

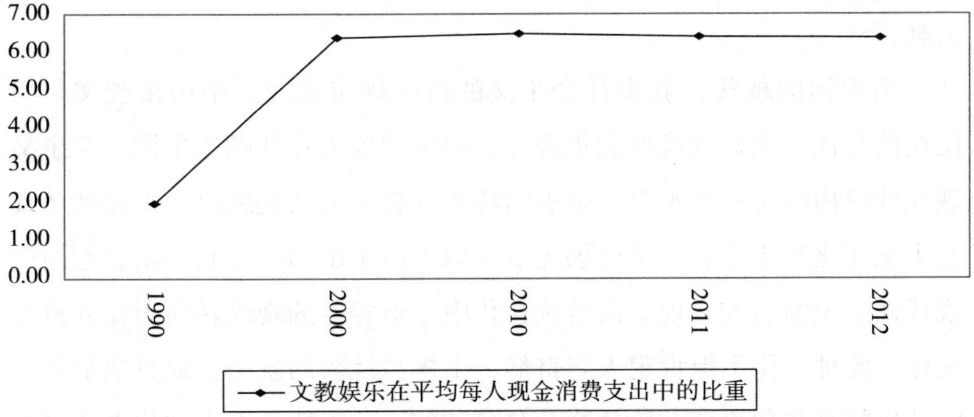


图 4-3　文教娱乐支出在平均每人现金支出中的比重（1990—2012）

数据来源：根据中国统计年鉴数据整理

2. 丰富人民的精神世界

“人征服了自然，却成了自己所创造的机器的奴隶。他具有关于物质的全部知识，但对于人的存在之最重要、最基本的问题——人是什么、人应该怎样生活、怎样创造性的释放和运用人所具有的巨大能量——却茫然无知。”① 面对技术理性所带来的精神文化危机与虚无感，我们无法也不能倒退和回避，而是应该积极利用中国传统文化精髓与社会主义先进文化进行有力的回击与救治。现代性对于人的物质生活的增值同精神文化生活的贬值之间的反比悖谬迫切需要文化民生建设的支援与矫正。精神文化虽然来源于物质生产实践之中，然而由于精神文化的自觉能动性所产生反作用的特质使得其一旦生成便会成为一种引领人生存和发展的非物质力量，如果社会缺乏此种精神文化的引导，物质生产是无法获得足够的力量去推动整个社会有机体的革新与变迁的。因此精神文化的因素绝非仅是屈从于物质技术，更重要的在于它与物质技术的相互融合。“经济体系总是沉浸于文化环境的汪洋大海之中，在这种文化环境里，每个人都遵守自己所属群体的规则、习俗和行为方式，尽管未必完全为这些模式所决定。意义比较明确的价值观使这些目标处于相对优先的位置，对这些目标的追求激励着每个人对经济和社会发展做出自己的贡献。”②

当中国的现代性获得社会主义的道路规定之时，中国传统文化的民族性与社会主义现代性交集融合，中国传统文化伴随着中国社会主义现代性建构的实践而走出一条中国特色社会主义文化之路。中国特色社会主义文化基于社会主义市场经济基础上衍生出的一种新理论，它通过现代性意识的引入实现了由传统文化中重道轻器的观念转向道器并重的文化。此种文化不但肯定人与自然、个体与社会的统一，而且更加集中宣示出精神文化价值与物质文化价值的统一③。社会主义文化在丰富人的精神世界上的核心意旨，就在于把人的精神发展看作与经济建设、政治建设、文化建设、社会建设、生态建设一样，是一个既要保持人的主体性、独立性，又要在此基础上实现更为宝贵的人性的完善、人格的健

① 弗洛姆. 为自己的人［M］. 孙依依，译. 北京：生活·读书·新知，1988：25.

② 弗朗索瓦·佩鲁. 新发展观［M］. 张宁，丰子义，译. 北京：华夏出版社，1987：19.

③ 霍秀媚. 建设有中国特色社会主义的文化精神三特征［J］. 现代哲学. 1999（2）：40.

全和精神的充实，进而实现人的全面发展与自由个性，使人的精神从“无家可归”而获得一个安身立命与终极关怀的精神家园，最终形成人的理想与现实、肉体与灵魂、世俗与信仰得到协调与统一的、以追求精神和意义的发展状态，终而归还人类一个完整的精神世界。

3. 增强人民的精神力量

康德说，“在一个有理性的存在者里面，产生一种达到任何自行抉择的目的的能力，从而也就是产生一种使一个存在者自由地抉择其目的之能力的就是文化”[①]。社会主义文化的民生特质还在于文化对于人民精神力量的集聚与增强。精神力量来自丰富的精神世界在指导和驱动人们改造主客观世界的实际应用中所形成的效能。精神力量形成于人的社会实践，但是却反过来又成了联系精神和行动的桥梁，“理论一经掌握群众，就会变成物质力量”[②]。精神力量一旦形成，便具有了恒久性，也就是说，它并不像物质那般具有消耗性，而是能够持续发挥对人生存和发展的引领作用，而且往往其功能效用的发挥和时间的推移呈现正比增长趋势。精神力量的展示不但在于其可以塑造人，而且能够调动最广大人民群众的积极性，为科学发展提供内在的驱动力。从此意义上讲，精神力量关涉人的生存和发展，也就是说精神力量属于文化民生建设中不可或缺的重要内涵和标志。精神力量主要凝铸在对人的生命力、创造力、凝聚力三种力量的塑造过程之中。

（1）生命力

生命力就是维持生存和发展的能力。此种能力除了物质生产上的呈现，即“正是在改造对象世界中，人才真正地证明自己是类存在物，这种生产是人类能动的类生活，通过这种生产，自然界表现为他的作品和他的现实。因此，劳动对象是人的类生活的对象化：人不仅像在意识

① 康德．判断力批判：下卷［M］．韦卓民，译．北京：商务印书馆，1964：95.

② 马克思恩格斯选集：第1卷［M］．北京：人民出版社，1995：9.

中那样理智的复现自己，而且能动地、现实地复现自己，从而在他所创造的世界中直观自身”[①]。人的生命力的最大显证就在于人属于一种有精神意识的类存在物。“这里只有两条道路：越出自身，奔向更为强力的生命，或者实在地于自我毁灭中倒下而死；就是说：只会‘上升’或‘没落’—永远不可能是一种要‘自我维持’的倾向。”[②]生命不能完全听命于人的生物有机体的存活，而应该展现出为意义而存在的生命流。“真正与生命对立的死亡，不是自然的死，而是无意义的‘生’，那种拜物教、偶像崇拜的生，即直接对立死亡的那个生，才是真正的死。”[③]它不但让人觉悟到自我的存在，而且沉浸其中，享受它带来的激情。人不但能够生存而且能够通过体验与倾听不断地超越“生存”就是生命力量的确证。这种对生命的持续体验不仅形成了精神文化，而且更能主动利用它们为生命的向上而去获得引领。这种引领的价值主要表现在：其一，它让生命获得了信仰力量的推动和精神支撑，人的生存与发展在实践中凝结出的精神文化让人的生存有了价值的归宿；其二，它让生命获得了情感力量，此种力量可以激发人积极向上的情绪，沉淀出高尚的道德情怀，从而彰显生存与发展的意义；其三，它让生命获得了意志力量，精神文化一经沉淀即可形成稳定的且有自我调适功能的心理状态——意志。意志的形成意味着控制、调试人的自身行为，尤其在开发人的生命潜能、激发人的生命力量方面获得了动力。简言之，人不但要保证生命的存在，而且需要精神文化去获得高质量的生命存在。它引领着生命态度的乐观向上，保障着生命状态的和谐发展，发掘着生命的潜在能量，匡正着道德的缺失和生命的迷失。

（2）创造力

创造力集中体现了人在实践活动中所具备的自觉能动性。文化的

---

① 马克思恩格斯全集：第 42 卷［M］. 北京：人民出版社，1979：97.

② 马克斯·舍勒. 资本主义的未来［M］. 罗悌伦，译. 北京：三联书店，1999：129.

③ 高绍君. 意义的能动性与人的生命力［J］. 湖南师范大学社会科学学报，2004（04）：23.

本质同样是一种“自由自觉的活动”，它不过是人的社会实践“内化于心”而又通过对象化把人的精神、意志、目的体现在客观世界中的能动活动。文化作为一种精神活动，主要把人的内在自我作为关照与协调的对象。文化可以通过培育创造意识和动机而对精神力量进行创造性塑造，形成创造性的力量并外化为生存与发展的实践活动。如恩格斯所言：“推动人类从事活动的一切，都要通过人的头脑，甚至吃喝也是由于通过头脑感觉的饥渴而开始，并且同样由于通过头脑感觉的饱足而停止。外部世界对人的影响表现在人的头脑中，反映在人的头脑中，成为感觉、思想、动机、意志，总之，成为‘理想的意图’并且以这种形态变成‘理想的力量’。”① 因此，在此意义上，创造力是规定人本质的重要环节，它是决定人本质力量对象化的核心要素之一，构成了人存在的灵魂、发展的动力和生命力的不竭动力源泉。

如果说文化可以塑造精神力量，“按照马克思主义的唯物辩证法观点，在一定条件下，精神可以变物质，精神的力量可以转化为物质的力量。强大的精神力量不仅可以促进物质技术力量的发展，而且可以使一定的物质技术力量发挥出更好更大的作用”②，那么，精神力量的发挥物化为现实的生产力仍然无法脱离主体的思想道德素质和科学文化素质的制约，而这两个要素皆处于文化建设中的两个核心地位。人是生产力当中最活跃，也是决定性的要素，其作用的发挥有赖于精神力量的强弱和科学恰当地运用，而思想文化素质的推动意义无法替代。思想道德素质的提高往往意味着人的精神状态饱满，生产生活态度的积极向上，进而产生更加强大的精神动力以成为现实的可能性。不但如此，思想道德素质的社会主义文化属性还能够保障在其基础之上所产生的精神力量具备了社会主义政治价值取向而避免了其被腐朽文化的挟持。

---

① 马克思，恩格斯．马克思恩格斯选集：第 4 卷［M］．北京：人民出版社，1995：232.

② 中共中央文献研究室．十五大以来重要文献选编（6）：上［M］．北京：人民出版社，2000：549-550.

（3）凝聚力

凝聚力是指基于共同情感、意志、道德和价值观所形成的个体与个体之间、群体与群体之间以及个体与群体之间相互吸引、相互结合的力量。而这些共同的情感、意志、道德和价值观念实质上就是文化的最大的外部显征。由此可知，凝聚力的形成往往来源于共同的文化。进一步讲，凝聚力建立在对文化的认同基础上。对于个人来讲，文化所发生的凝聚力表现在凝聚力对于人心和人生的关照。它不仅能够把人的感性与理性力量有机整合起来，从而为实现个体目标任务集聚能量，创建自信，而且还能激发人形成投身于自身的生存与发展的实践活动之中，并为实现自我提供坚实的精神支柱。凝聚力更大意义的表现在于它对于群体即民族凝聚力的关照之中。文化的形成并非仅是个人的活动使然，更重要的是社会群体在共同改造客观和主观的实践活动中凝聚而成的民族心理。而社会群体往往又以民族为特定载体，因此它凝结的是民族这个文化主体的精神结晶。所以，文化具有极强的民族性特质，它构成了民族的灵魂，规定了民族的发展方向。不过，文化一旦形成就立刻会对民族这个创造文化的主体产生强大的吸引力、依附力和归属感——凝聚力。“文化软实力在很大程度上表现为民族凝聚力”[①]，而这种凝聚力不仅构成引导培育国人文化自觉与自信的核心动力，而且更能够激发民族的创新活力，搭建起民族团结和睦的精神桥梁。“有中国特色社会主义的文化，是凝聚和激励全国各族人民的重要力量，是综合国力的重要标志。它渊源于中华民族五千年文明史，又植根于有中国特色社会主义的实践，具有鲜明的时代特点；它反映我国社会主义经济和政治的基本特征，又对经济和政治的发展起巨大促进作用。”[②] 当文化发挥其对经济、政治的方向指引、智力支持乃至培育文化产业成为国民经济支柱性产业

① 刘云山．更加自觉、更加主动地推动社会主义文化大发展大繁荣［N］中国报业，2007-10-29.

② 江泽民文选：第2卷［M］．北京：人民出版社，2006：33.

功能之时，文化的民生意蕴此时就会彰显得愈加的明显。

（四）社会民生：从解决贫困到维护社会公平正义

社会民生指社会生活领域的人的生存与发展状态。质言之，就是人的生存与发展对于社会的需求以及通过有组织、系统化的社会政策与行为对此需求的满足状况。社会民生主要表现在人们对于生活水平、就业、教育、医疗、住房、社会保障的需求上。

社会民生建设事实上一直没有脱离中国社会主义现代性建构的视野之外，中华人民共和国成立后，毛泽东的《论十大关系》就是从社会建设的角度论述了如何协调各种社会关系的重要论断。而《关于正确处理人民内部矛盾的问题》则是中国共产党人最早从社会稳定和社会管理的角度对社会民生建设所进行的有益探索。不过，在中国社会主义现代性建构的较长时期内，中国的社会民生问题过多地被认为是经济、政治、文化等领域的从属问题。尤其在改革开放以后，中国形成的是一个经济主导的发展模式，此种模式强调经济体制改革对其他领域的推动作用。公共资源更加倾向于经济的发展，相反的是，投入到社会领域的资源比重较小。事实上，“发展不纯粹是一个经济现象。从最终意义上说，发展不仅仅包括人民生活的物质和经济方面，还包括其他更广泛的方面。因此，应该把发展看作包括整个经济和社会体制的重组和重整在内的多维过程”①。经济主导型的发展模式造成的是经济增长的高速度和社会发展的滞后的非协调局面。社会发展的滞后的外在表现是经济增长中的贫困和社会公平正义的缺失。贫富差距问题、群体利益不均问题、社会安全问题、失业问题等虽经由经济的快速增长而促进它们的进一步解决，但市场本位、经济至上也使得这些问题逐渐显性化出来。社会建设对于民生诉求满足的问题随着经济速度的增长愈加突出。鉴于此，刚刚

① 托达罗．第三世界经济发展［M］．印金强，译．北京：中国经济出版社，1992：50.

步入新世纪的中国共产党在执政理念上实现了新突破，2003 年十六届三中全会《关于进一步深化经济体制改革的若干问题的决定》中“科学发展观”得以明确提出，这是对于过去单一的经济增长发展观的理性反思，同时使得建立在经济发展基础上的社会领域的发展和变革出现在了社会主义现代性建构理路中。在十六届四中全会上，明确提出了“构建社会主义和谐社会”的理念，进一步使得发展方式更加注重与社会的协调，它规定了发展的目标价值。党的十七大则首次提出了“社会建设”的概念，“必须在经济发展的基础上更加注重社会建设，着力保障和改善民生……努力使全体人民学有所教、劳有所得、病有所医、老有所养、住有所居，推动建设和谐社会”①。这不但意味着“社会建设”已经在社会主义现代性建构进程中被赋予了与经济建设、政治建设、文化建设同样的历史地位，同时彰显出深厚的民生意旨。也就是说与人民群众最关心、最直接、最密切的各种社会问题乃是社会建设的核心。人民群众最关心、最直接、最密切的各种社会问题总的来说，包括教育、就业、医疗、居住、社会保障等，而这些问题无非关涉两个关键的社会民生要素，一是基本生活的保障即反贫困问题；一是社会公平正义问题。这两个问题架构起了民生对于社会建设的基本诉求。

贫困问题属于民生中首要解决的根本问题。也就是说，反贫困就是保障人民生存的基本需求即温饱问题。这个问题看上去是个经济问题，只要有经济的保障与哺育贫困自然会获得解决。而事实上，随着经济社会的发展，贫困已经更大程度上成为一个具有社会问题域的概念。经济发展不能自觉地解决贫困问题，这就需要社会体制的改革即由国家政权主导转向政府与社会共同主导，实现角色的各司其职。此外还需要社会政策的制定与实施，即通过制定社会保险政策、社会救助政策和社会福利政策等中介和桥梁，推动经济资本、物质财富更加亲近与人民的

① 胡锦涛. 高举中国特色社会主义伟大旗帜，为夺取全面建设小康社会新胜利而奋斗［M］. 北京：人民出版社，2007.

基本生存和发展，让经济发展的成果更多地惠及民生。

现代意义上的贫困不仅仅意味着物质生产资料与生活资料的匮乏，因为在当下经济高速增长中的这些匮乏的解决通过社会体制的改革、社会政策的落实等使得它们在某种程度上已不再是问题，更重要的是，贫困的产生和积聚越来越多的是由社会结构不合理、社会功能不完善、社会机制不健全而造成的。所以，民生中的相对贫困问题并没有随着经济的增长而获得解决。相对贫困包含两个层级的含义，一是人的基本生存问题得以解决，但生活水准却低于相对于社会公认的生活水准；二是人的基本生存问题得以解决，但缺乏或者缺失扩大再生产（发展）的能力。因此“绝对贫困说的是生物（生理）特征，而相对贫困说的是社会特征。所以也应该将那些虽然生活在一定的物质富裕条件下，但在社会关系或政治关系方面以及在休假问题上感到有问题的居民群体归入相对贫困群体。可见，绝对贫困关涉生命权和生存权是包含基本人权的法律问题，而相对贫困是道德问题，属于社会公平范畴”[①]。所以，中国特色社会主义现代性的进程中，社会民生除了提供保障人的生存最基本需求的社会条件之外，更表现为如何满足人们对于社会公平正义的需求上。如胡锦涛所指出的，“必须在经济发展的基础上，更加注重社会建设，着力保障和改善民生，推进社会体制改革，扩大公共服务，完善社会管理，促进社会公平正义”[②]。

对公平正义的需求是由于人的本性和资源有限性使然。由于它关切的是人与人之间的利益关系，所以它成了民生的核心道德原则。社会公平正义属于社会民生的核心建设目标之一。在改革开放后的一段时期内，由于急需建立起民生需求的物质基础，所以一定程度牺牲了社会公

① 多博林科夫．社会学［M］．张树华，冯育民，杜艳钧，译．北京：社会科学文献出版社，2006：356.

② 胡锦涛．高举中国特色社会主义伟大旗帜，为夺取全面建设小康社会新胜利而奋斗［M］．北京：人民出版社，2007.

平正义，如同冈纳·缪尔达尔（cunnar Myrdal）提出的："这些极端贫困的国家尚不足以从社会公正方面思考并付出平等改革的代价。要想达到经济发展，必须牺牲掉社会公正。"[①]反之则会对经济增长产生副作用。"效率优先，兼顾公平"的正当价值得到了普遍认可。而当中国经济高速增长衍生出的收入、就业、分配、教育、卫生、住房、社会保障上出现的不公平问题甚至已经超过了经济增长的速度而以影响到社会稳定，公平正义的民生价值在和谐社会的目标中得以重申。"公平正义，就是社会各方面的利益关系得到妥善协调，人民内部矛盾和其他社会矛盾得到正确处理，社会公平和正义得到切实维护和实现。"[②]这表明党在执政理念上实现了重大的转型，党的十八大更是把公平正义上升至中国特色社会主义的本质属性的高度进行了强调："公平正义是中国特色社会主义的内在要求。要在全体人民共同奋斗、经济社会发展的基础上，加紧建设对保障社会公平正义具有重大作用的制度，逐步建立以权利公平、机会公平、规则公平为主要内容的社会公平保障体系，努力营造公平的社会环境，保证人民平等参与、平等发展权利。"[③]社会保障体系属于市场失灵的社会调节杠杆，它对于消除物质上民生，保障弱势群体的生存发挥了不可或缺的作用，但是对于日益严重的社会公平正义问题却显得乏力。因为伴随经济增长所产生的不仅是收入上的不平等，而且更加突出地表现在机会上的不平等——"社会排斥"（Social Exclusion），它意味着人们不能享有发展成果，无法平等参与生活，更没有平等分享机会的权利。"社会排斥"显然已经演变成为一个社会民生观念和实践中的对公平正义的最深刻的表现，如果任由其蔓延发展，造成的结果就是民

---

① 冈纳·缪尔达尔．世界贫困的挑战：世界反贫困大纲［M］．顾朝阳，张海红，高晓宇，等译．北京：北京经济学院出版社，1991：45.

② 胡锦涛．在省部级主要领导干部提高构建社会主义和谐社会能力专题研讨班上的讲话［N］．人民日报，2005-06-27.

③ 胡锦涛在中国共产党第十八次全国代表大会上的报告［R/OL］人民网，2012-11-18.

众普遍的“正义的愤恨”。由此可见，改善民生依靠经济的增长并不能使问题得到实质性解决，而是需要通过社会体制的改革和社会政策的调整与制度安排才能矫正经济增长所带来的社会公正问题，进而才能够满足人们对于社会建设的民生诉求。公平正义不但成了社会满足人们生存与发展需要的重要手段，同时也是社会民生观念塑造的核心价值和民生实践中的行为准则，而且必然会成为判断社会民生建设的衡量标准。

### （五）生态民生：从基本需求到高层次需求

生态民生是指生态层面的人的生存与发展状态。具体指人的生存与发展对生态的物质、精神需求以及生态对于人的生存与发展物质精神的满足。生态问题事关人的生存条件、生产条件和生活条件，直接影响人的生存与发展，对人的生存与发展起到基础性和根本性的制约作用。生态民生是生态与民生的辩证结合体，追求生态在民生中的效益，实现人的生存与发展和生态的和谐共生，并且把人的生存与发展置于生态中进行考量与评判。实现生态惠及民生所透露出的价值意蕴乃是生态文明建设的目标取向。

生态民生观念就是指人们对于生态环境在民生保障与改善中所处地位与所具备价值的态度与看法。在较长的时期内，生态环境往往被我们看作是改造的对象。“战天斗地”的观念使得人们过多地偏向于生态环境在经济上的使用价值，当然此种观念有其深刻的历史原因，其中最根本的因素就是为了脱离贫穷落后的局面，尽快建立起支撑数亿人口生存的物质基础，所以这就必然要求人们必须首先树立起人定胜天的支配自然、改造自然的精神意识，并由此决定了“向自然界开战，发展我们的经济”① 的号召具有符合彼时的时代要求和历史境遇的合理性。当然毛泽东曾经提出，消灭荒山荒地，植树造林绿化祖国，但是更加强调了

① 毛泽东文集：第7卷［M］. 北京：人民出版社，1999：216.

这些自然资源对于农业和工业生产的作用。改革开放后，邓小平提出了人民不但要实现富裕，而且环境也应得到改善。此时的人们，已经认识到了环境的重要性，但是还没有把生态作为全局性的战略关键考量。直至20世纪90年代，伴随环境恶化问题、资源过度开发等造成的生态问题，“可持续发展”战略进入了党的第三代中央领导集体的视野之中，提出环境就是生产力的理念，“按照可持续发展的要求，正确处理经济发展同人口、资源、环境的关系，促进人和自然的协调与和谐，努力开创生产发展、生活富裕、生态良好的文明发展道路”[①]。最终目的就是“要促进人和自然的协调与和谐，使人们在优美的生态环境中工作和生活”[②]。自此生态建设已经被赋予了民生的价值意旨。十六届六中全会更加明确提出要“以解决危害群众健康和影响可持续发展的环境问题为重点，加快建设资源节约型、环境友好型社会”[③]。这就意味着人的生存与发展的改善问题需要通过生态的治理而获得。党的十八大报告中明确把建设生态文明上升至人民福祉和民族未来的战略大计层面，并融入经济建设、政治建设、文化建设、社会建设各方面和全过程[④]。由此，生态民生观念得以确立。

生态本身事关民生大计，属于人的最基本的需求要素，人的生存与发展的最终源泉就是源自于大自然所提供的资源，但是工具理性的过度伸张则把此种基本需求变得难以企及，民生改善急需生态的支援，这的确值得人类社会思考与反省。

首先，生态构成了人类社会的基本需求。辩证唯物主义认为，人类社会具有物质性，而物质性的首要体现就在于人属于自然界当中的难

① 江泽民文选：第3卷［M］. 北京：人民出版社，2006：462.

② 江泽民文选：第3卷［M］. 北京：人民出版社，2006：295.

③ 中共中央文献研究室. 十六大以来重要文献选编：下［M］. 北京：中央文献出版社，2007：465.

④ 胡锦涛在中国共产党第十八次全国代表大会上的报告［R/OL］. 人民网，2012-11-18.

以割裂的一部分，人本身首先属于自然的产物。“人直接地是自然存在物，人作为自然存在物，而且作为有生命的自然存在物，一方面具有自然力、生命力，是能动的自然存在物；这些力量作为天赋和才能、作为欲望存在于人身上；另一方面，人作为自然的、肉体的、感性的、对象性的存在物，同动植物一样，是受动的、受制约的和受限制的存在物，就是说，他的欲望的对象是作为不依赖于他的对象而存在于他之外的……人只有凭借现实的、感性的对象才能表现自己的生命。”① 由此可以看出，马克思是把自然界看作是比人类更为优先的存在，自然界乃是人类社会孕育的母体，因此人类社会本身就属于自然的产物。

其次，辩证唯物主义认为自然界之于人的基础性。“人在肉体上只有靠这些自然产品才能生活，不管这些产品是以食物、燃料、衣着的形式还是以住房等等的形式表现出来。在实践上，人的普遍性正是表现为这样的普遍性，它把整个自然界——首先作为人的直接的生活资料，其次作为人的生命活动的对象（材料）和工具——变成人的无机的身体。自然界，就它自身不是人的身体而言，是人的无机的身体。人靠自然界生活。这就是说，自然界是人为了不致死亡而必须与之处于持续不断的交互作用过程的、人的身体。所谓人的肉体生活和精神生活同自然界相联系，不外是说自然界同自身相联系，因为人是自然界的一部分。”② 这就深刻阐明了人类对于自然界存有依赖特性。人类社会并非自在的存在物，人类社会的生存与发展根本无法脱离自然界而独自存在，自然界给人类社会所供给的除了阳光、空气、水资源这些生物最基本的生存保障外，土地、动植物等为人类的存在与发展提供了生产和生活资料。

再次，人类的实践活动依然要以自然界为基础。马克思主义认为，实践是主体客体化和客体主体化的双向运动的过程，它形成了自然界和人类社会既分化又统一的基础，因而形成了链接人和自然的枢纽。但首

---

① 马克思 .1844 年经济学哲学手稿［M］. 北京：人民出版社，2000：105-106.

② 马克思、恩格斯文集：第 1 卷［M］. 北京：人民出版社，2009：161.

要的问题就在于如果“没有自然界，没有感性的外部世界，工人什么也不能创造。它是工人的劳动得以实现、工人的劳动在其中活动、工人的劳动从中生产出和借以生产出自己的产品的材料”①。所以，即使是能动自觉的活动，如果没有外部自然界所提供的生态的环境统一体以及它所提供的感性活动所改造的、支撑人生存的原材料，实践便无法具有任何可能性，那么，人与自然也就会因为失去桥梁而永远无法形成沟通。

由此可见，自然生态环境对于人的存在显然具有先在性、基础性。这些特性使得生态成为人以及人的生存与发展的首要的无可或缺的基本条件与需求。这就决定了人在维持自身存在的过程中，必然去维护生态环境。因为自然生态的健康、有序而又持续的运行和发展也不过是为人类生存与发展建造着更加适合于高质量的条件。因此尊重与善待自然生态环境的行为本身不过就是在维护人的生存，这本应该是一个再符合不过的人类社会生存法则，但是人类过度扩张使生态系统遭到破坏，直到达至它无法承受的程度而使人类受到惩罚采取报复措施时，人类才会感受到他们正在失去健康与高质量的生活条件和基础。

在中国现代性的建构实践进程中，“五位一体”总体布局使得经济、政治、文化、社会、生态这五个关键词为中国特色社会主义民生形态提供了丰富的、至关重要的观念要素，而民生观念作为一个具有整合性功能观念则对此五位一体的观念要素进行了体系式的建构。它不但使人的生存与发展突破了由物质造就的“千篇一律的单调”，而且一个崭新的“五位一体”的民生观念系统，必将对中国特色社会主义民生行动发挥引导与协调的作用，并使民生行动最终实现民生观念所规定的价值目标。

## 三、改革开放进程中民生观念建构的价值启示

改革开放的现代性进程不但催生了中国特色社会主义民生观念即

---

① 马克思.1844年经济学哲学手稿［M］.北京：人民出版社，2000：53.

"五位一体"的民生观念，而且其社会功能中国特色社会主义的时代境遇进一步得到发挥和彰显。它使中国共产党的"民生自觉"最终得以生成。而且确认了发展价值的总体性以及民生的终极价值——"人的全面发展"。

（一）生成了中国共产党的"民生自觉"

中国共产党的"民生自觉"是指在现代性的构建过程中，基于对中华民族和每个个人的生存权、普遍发展权的自知之明。换言之，是对中华民族和每个个人的生存权、普遍发展权的自我觉醒、自我创建和自我改善。"民生自觉"自形成就始终贯穿于中国共产党领导的革命、建设和改革现代性构建之中，不但为现代性构建提供了强大的思想武器与永恒动力，而且其培育生长也在随着现代性构建的进程而逐步成熟。五四新文化运动后期，中国共产党"民生自觉"获得了初始创议，经由新民主主义革命和社会主义革命与建设进程的哺育，使得中国共产党的"民生自觉"由最初的意识上的"民生自觉"、理论上的"民生自觉"、革命实践中的"民生自觉"，转型为改革开放进程中中国民生自性而生成了中国共产党执政价值和执政方式层面的"民生自觉"。"民生自觉"的形成表明，中国共产党已经自觉地由权威领导转型为现代治理方式。

在改革开放进程中，党和政府的执政主题实现了由过多强调"国富"转向"富民"。中国共产党在改革开放的进程中逐步清醒地认识到，人民的生存与发展获得持续的保障和改善才是其执政合法性的最终源泉。经济建设中心地位的确立，意味着中国共产党"民生自觉"第一波的现代性转化价值的实现。而当改革开放进入到了21世纪之时，"民生自觉"下的经济增长得到实现，党和政府获得了较高而稳定的经济绩效。不过，过度的诉诸经济的高增速，并没有使绝大多数人民群众获得民生上的"好生活"，或者说它只不过使得一部分阶层、人群获得了发展的利益。也就是说，经济的高增长反而造成的是社会公平正义的弱化，人的精神文化的空虚、社会系统建设的落后、生态环境恶化，反而把人民的生存与发展的民生推向了风险丛生的现代性陷阱之中。由此，中国共产党在“民生自觉”的引导下对民生治理进行了调整和重构，即通过调整和重构使得经济发展体现出“包容性”，让经济发展的成果惠及全体人民的生存与发展；政治层面保障人民群众享有各项生存与发展的民主权利；文化领域强调文化对于人格精神的正向塑造；社会系统的建设更加满足民生需求中对公平正义、社会和谐价值的渴望；生态领域注重绿色的生存与发展价值和状态。所以，改革开放进程中，中国共产党已经对如何保障和改善民生主动而科学地做出了符合时代特点的执政理念与方式的调试、整合，而其中的动力源泉就在于对民生保障和改善规律的理性把握的基础之上而建构的“民生自觉”。

在改革开放进程中，中国共产党的“民生自觉”把每个个人的生存权和普遍发展权作为其建构的核心旨趣，目的乃是为了构造出一套符合当代民生整体性诉求、有利于民生保障与民生改善并具有以民生为政策制定、以发展为量衡标准的民生自觉机制。“民生自觉”所建构的乃是现代经济、政治、文化、社会、生态价值聚合的体系。改革开放的民生实践促使中国共产党的“民生自觉”的建构成型，意味着“民生自觉”获得了中国特色社会主义的时代规定，表明中国共产党领导中国特色社会主义现代性建构进程中获得了民生这个永恒动力。中国特色社会主义现代性的构建和中国共产党“民生自觉”架构起了“双向生成”的动态机制，同时构筑起了中国现代性的自身演变逻辑。

### （二）民生观念与实践在“发展中成长”

民族自主性的重构这个“最大民生”诉求的解决，同时也实现了中国现代性构建中民生诉求的内在超越。社会主义革命和建设时期，民生观念和民生建设实践的认知偏差，并没有使民众的生活贫困与生存保障问题彻底地得到消解。改革开放对于民生观念的重新启蒙使中国共产党随即将注意力转向了以关切和实践人民生存权与发展权为内质的“养民民生”。为了解决由生产资料和生活资料匮乏而导致的生存问题，发展成为解决生存与发展问题的根本途径则具有了天然合理性，一切因素都在“发展中成长”。中国共产党人视发展为第一要务，对于发展价值理性认识的不断超越，使发展的新视野和发展的新境界随着民生诉求的提升而得到升华，即从经济发展转向“五位一体”整合式的综合发展范式，并实现了从强调发展的工具价值转向既注重工具价值又注重人文价值和伦理价值的协调发展。发展目标从“四个现代化”转向“五位一体”，发展模式从“苏联模式”转向“中国特色社会主义”，发展战略由“赶超战略”转向“新三步走”战略，发展要求由“多快好省”转向“又好又快”，发展动力由“矛盾推动”转向“自主创新”，发展布局由“均衡发展”转向“先富带动后富”，发展重点则由“以经济为中心”转向“以人为本”①，终而建构起了经济、政治、文化、社会、生态“五位一体”立体式的民生观念。

进入21世纪以来，中国共产党实现发展方式的全面转型，即从科学发展观去谋求提高人民的生存环境、生活质量、生命安全、人的发展能力等为核心价值的民生现代性构建，形成了对人的价值主体地位与发展文化多样性进行重新确认，力促民生幸福指数持续提升，不仅体现了发展价值对人生存与发展的现实关切，而且体现出对人的终极关怀的价值意蕴，最终探索出一条经济与伦理、财富与人性的兼容并包的发展价值和发展进路。

### （三）确立了民生“人的全面发展”的终极价值

人的全面发展指的是“个人关系和个人能力的普遍性和全面性”②。即克服个人同自己以及同他人的普遍异化，平衡和协调人与人之间、人

① 王占霞．中国共产党发展理念的与时俱进［J］．理论导刊，2012（1）．
② 马克思恩格斯全集：第46卷上［M］．北京：人民出版社，1979：108-109.

与自然之间、人与社会之间的关系与能力。人的全面发展作为历史活动，是一个以不断变革人的现实的存在方式为依归的持续进步的过程。民生需求与满足之间的矛盾运动推动着生产力的发展、社会关系的丰富和人的能力的增强，是人的全面发展的前提和人的全面发展的内在根据。

在改革开放进程中，中国共产党始终以人的全面发展作为现代性建构中民生建设的最高价值。十六大以来，中国共产党对于中国现代性建构的逻辑和整体目标有了更加清晰地认识，实现了从“摸着石头过河”向科学发展模式的转变。科学发展的核心是以人为本，其特质彰显为以促进人的全面发展为核心，把人民群众需求作为发展的起始点，通过人民群众平等的参与发展，实现为民众而发展的归宿，而发展的成果自然要满足全体人民群众日益增长的经济、政治、文化等各项民生诉求。新型发展方式的实质在于维护、实现和发展人民群众的根本利益，尊重人民的主体地位、保障和发展人民的各项权益，以实现共同富裕。所以，中国共产党对于人的全面发展的价值追求显然并不只是一种独立于民生实践之外的理性存在。每一个人的自由全面发展是对现实中满足民生诉求的价值指引，而现实中对每一项民生诉求的满足则是对人的自由全面发展的接近与证明。

民生诉求不断满足的过程又是经济发展和社会公平不断实现的过程，而经济发展和社会公平的实现过程则是一个为人的全面发展创立条件的过程。民生诉求与经济发展、政治民主、文化引领、社会公平、生态和谐等在具体的民生实践中实现着有机互动，它们共同统一于促进与实现人的全面发展的历史进程中。

# 第五章　中国现代性时域中民生观念的跃迁

观念的形成归根到底源自于人的实践活动。中国社会主义现代性的建构这个未完成的方案，必然使得民生观念在实践中获得更符合人的生存与发展需求的具有普遍性的、高层次的观念要素。伴随着基本生存问题的解决，人们的民生需求逐渐转向更高层级即如何获得高质量的生存与发展上来。健康和休闲无疑具有表达高质量民生需求的基本属性。加之现实中人们对于健康生活和休闲生活状态的追求实践，中国特色社会主义民生观念必将在“五位一体”民生观念的基础上，通过健康和休闲观念要素的添加而获得进一步加固。如此一来，高质量民生的获得也就意味着民生形态不能简单地停留在保障人的生存这个基本层次上，而必然由生存型转向发展型，也就是通过发展让人们获得高质量、高幸福指数的生活。当民生观念伴随实践深入而形成观念系统的时候，民生便具备了意识形态的功能，民生观念的社会功能也会出现新的价值意旨。由此也就形成了中国社会主义现代性民生观念诸要素的跃迁。

## 一、内涵的跃迁：健康民生与休闲民生加入

改革开放以来，民生的物质基础的奠定，使人民的生活得到了保障，生活水平得以显著提升，实现了民生温饱转向小康社会的历史性跨越。人们的生存需求模式也开始出现转型，即从温饱生活转向健康和休

闲的生活方式。所以，健康和休闲必然会成为民生观念中两个鲜明的观念要素。

### （一）健康民生：人的发展与幸福的基础

追求健康是民生的崭新趋向之一。从中央电视台到各地方台所开办的各类养生、保健、心理等健康类节目就可以看出，时下人们对健康的关注与需求的趋势十分明显。此外，伴随着经济水平的提高与物质生活水准的提升，人们的身心健康水平反而提升缓慢，健康的区域、人群差异性不断增大，甚至还出现了某些人群健康出现问题。这些现象在某种程度上表明了人们对于自身的生存与发展需求层次上必然进入或者已经开始进入健康的逻辑之中。更好的健康保障，享受更高的健康标准必然在中国特色社会主义现代性民生建构中被视为人民的基本权利。

#### 1. 健康民生的内涵与价值

健康在传统意义上就是指机体运行状态正常，即生理上没有病痛创伤。现代意义上的健康则是指生理、心理和社会适应性上所体现出的正常状态。健康民生就是指人的生存与发展对于健康的需求以及健康给人的生存与发展带来的满足效用。随着中国经济社会的快速发展，事关人的生存与发展的物质财富持续增长，但由于传统发展范式所引发的环境污染、生态的恶化以及人们所承受的各种压力的增加与人口红利的过度索取，透支了国人的健康。当今人们面临着各种疾病的困扰以及患病风险的增加，亚健康人群急速增长。因此，人们对于健康食品、医疗康复、健康体检、健康管理、健康服务、健康养生等多层次的健康需求持续增长。这就意味着，当人们收入提高以及政府公共服务职能强化时，以健康保民生、促民生的观念必然成为中国民生建设的新趋势。健康问题已经具备了成为人民群众最关心、最直接、最现实的利益问题的价值维度。

当代健康理念不但意味着人的身心处于良性的运作状态，而且表明人与自然以及人与人之间的社会关系融洽与协调。健康在提高人们生活质量、促进人的全面发展、丰富社会文化生活、维护社会稳定、增添经济发展亮点和构建和谐社会等方面有着独特、重要的作用。加快发展全民健身事业，使广大人民群众充分享受健身带来的健康快乐，提升幸福指数，将能有效促进全面实现小康社会，构建社会主义和谐社会[①]。

2. 中国共产党对于健康民生的认识

马克思主义高度重视人的健康对于人的生存与发展的重要性，认为："生产劳动同智育和体育相结合，它不仅是提高社会生产的一种方法，而且是造就全面发展的人的唯一方法。"[②] 早在 1917 年 4 月 1 日《新青年》刊发的毛泽东《体育之研究》一文中，毛泽东就曾论及到："体育者，人类自其养生之道，使身体平均发达，而有规则次序之可言者也。"[③] 他认为体育在德育和智育中处于核心地位，"体育一道，配德育与智育，而德智皆寄于体。无体是无德智也"[④]。所以，"善其身无过于体育。体育于吾人实占第一之位置"[⑤]。新中国成立后，毛泽东仍然注意到了体育运动对于人的健康的重要性，指出学校教育中"体育第一"，发出了"发展体育运动，增强人民体质"的号召。1954 年，中共中央积极响应此号召，在《中共中央批转中央人民政府体育运动委员会党组〈关于加强人民体育运动工作的报告〉的指示》中指出："改善人民的健康状况，增强人民体质，是党的一项重要政治任务。特别是当前国家已进入有计划的经济建设的新的历史时期，更需要人民有健康的身体，但现在人民健康状况还远不能适应各项工作的需要。为了改变这种情况，除了加强卫生工作和逐步改善劳动、学习等条件外，开展体育运动确是

① 刘延东．在贯彻实施全民健身计划（2011—2015 年）电视电话会议上的讲话［R/OL］．环球网，2011-03-29.

② 马克思，恩格斯．马克思恩格斯全集：第 23 卷［M］．北京：人民出版社，1975：530.

③ 毛泽东．体育之研究［M］．北京：人民教育出版社，1979：3.

④ 毛泽东．体育之研究［M］．北京：人民教育出版社，1979：3.

⑤ 毛泽东．体育之研究［M］．北京：人民教育出版社，1979：3.

一种最积极的有效的方法。"[①] 改革开放后，邓小平在坚持发展体育运动的指导思想之下进一步强调了体育在精神文明建设中的重要地位，认为"体育运动……是一个国家经济、文明的表现"。江泽民认为体育事业事关全体人民的事业，"体育的中心任务，重要任务就是要保证人民身体健康"。胡锦涛则强调："要坚持以增强人民体质、提高全民族身体素质和生活质量为目标，高度重视并充分发挥体育在促进人的全面发展、促进经济社会发展中的重要作用，实现竞技体育和群众体育协调发展，进一步推动我国由体育大国向体育强国迈进。"[②]2009 年，国务院公布施行《全民健身条例》，对与人民群众参与健身活动密切相关的体育设施、健身指导、安全规范等做出规定，并将每年 8 月 8 日确定为"全民健身日"。习近平总书记不仅肯定了健康对于人的发展和社会进步的重要影响，而且更加明确强调了健康对于人的生存与发展的重要价值。他认为，人民身体健康是全面建成小康社会的重要内涵，"全民健身是全体人民增强体魄、健康生活的基础和保障，人民身体健康是全面建成小康社会的重要内涵，是每一个人成长和实现幸福生活的重要基础"[③]。综上所述，中国共产党人对于健康之于民生的重大关系的认知始终是明确和清晰的，对于健康民生建设具有重要的指导意义。

3. 健康民生观念建构的趋向

（1）强化健康民生内涵的认知

基于现代意义上的健康观念，民生健康意味着人们对于健康的需求绝非只是满足于生理上的病痛创伤能够得到及时救治，而是越来越关注健康生活方式的养成，接受系统的健康管理，从而尽量使自己免受疾

---

① 中共中央文献研究室．新中国成立以来重要文献选编：第 5 册［M］．北京：中央文献出版社，1993：9.

② 胡锦涛．在北京奥运会、残奥会总结表彰大会上的讲话［N］．人民日报，2008-09-30（2）.

③ 习近平．人民身体健康是全面建成小康社会的重要内涵［EB/OL］．新华网，2013-08-31.

病的困扰，延长自己的生命。更为重要的是如何使人自身获得一个健康的心理，健全的人格，也就是获得精神上的健康，保障人的生活呈现丰富多彩的价值感。"全人健康"理论认为，追求健康属于幸福生活方式的范畴，人们致力于健康实质上就是获得身体、心理和精神上的均衡。生理健康和心理健康的关系是相辅相成、相互连接的，生理上的病痛可能会引发精神上的失落、焦躁、忧郁等不良情绪的滋长，从而又加重病痛的程度；而良好积极的心理状态则可以调节人的生理状态，强化人的生理功能。因此，如果说身体健康是人的生存与发展的物质基础的话，那么，心理健康则属于人的生存与发展的精神支柱。

（2）努力培育健康民生文化

培育健康民生文化的实质就是倡导一种健康、文明的生活方式。健康民生文化的塑造具有渐进性和积累性的特质，不同的历史发展阶段、经济发展水平、社会文明程度皆是重要的影响因子。在无法获得温饱保障时，人们往往会不注重健康而把保障生存作为首要需求。而当经济发展水平和社会保障足以支撑人们获得高质量的生存与发展时，人们并非自然而然地追逐健康的生活方式，工具理性的价值诱惑以及人的生活方式的惯性趋向，一时间难以保证形成以健康为取向的民生文化。因此在全社会积极营造一种健康民生文化氛围无疑能够发生作为而且势在必行。首先需要宣传，即充分利用传统媒体、新兴媒体为手段和载体，宣传、普及健康知识，传播健康理念；其次，利用各种级别的运动会和"全民健身日"为契机倡导健康文明的生活方式，提高人民群众科学保健、养生的素养，在全社会形成崇尚健康的社会风气，发挥文化的引导作用，吸引更多的民众积极认知健康，参与到健康活动中来，让健康成为群众生活的重要内容①。

① 刘延东．在贯彻实施全民健身计划（2011—2015年）电视电话会议上的讲话［R/OL］．环球网，2011-03-29.

（3）重视健康服务

人们健康的获得除了自身的养生、保健，医院的救治之外，伴随着健康多层次的需求的增加，健康服务业将会得到更多的关注和重视。随着对健康满足民生需求价值的清晰认知，为了建立起健康的生活方式，人们越来越注重健康投资和健康消费。根据图 5-1 所示，从1990—2011 年间，城市居民和农村人口对于健康的消费支出比重皆呈现明显上升趋势，虽然城市居民健康的消费支出比重于 2007 年有所下降，但这并不能说明医疗保健的需求和实际支出在减少，而是由于政府在城市居民的医疗保险等方面的保障投入在不断增加。当然，不管是个人消费支出比重的上升还是政府对于健康领域的持续追加的投入，都表现出健康服务领域的作用已经越来越重要。

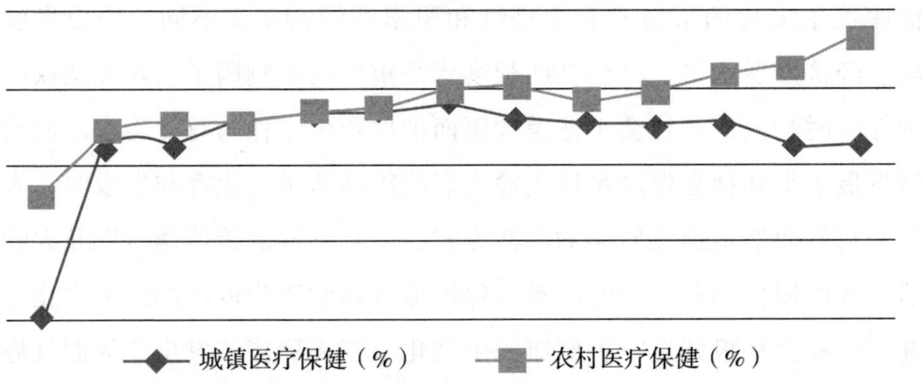


图 5-1　医疗保健占平均每人现金消费支出（1990—2011）

资料来源：根据中国统计年鉴数据整理

此外，健康需求的多元化和层次的提升，促使健康领域消费比重的增长，所以，有必要发挥公共健康领域服务于市场健康服务领域的合力。促进健康民生将会逐渐转化为中国经济转型升级以及发展建构的增长点。“健康经济，成为保障和改善民生、撬动消费需求、应对健康危机、破解老龄化难题、壮大民营企业等多重目标的高度聚合点。也是转变发展方式的好抓手，是民营企业转方式、保民生而且大有可为的大舞台。"[①] 因此，大力发展医疗服务、健康管理、健康保险及其他健康服务业，对于丰富健康产品的供给，满足人民群众多层次、多元化的健康服务需求以及转变人们的健康消费观念和消费行为，必将产生巨大而深远的影响。

### （二）休闲民生：自由生存的享受

休闲在辞海中的解释为"空闲"或者"闲适"，即清闲安逸之态。休闲民生则是指人的生存与发展对于休闲的需求与追求以及休闲对于人的生存与发展所彰显的价值。

#### 1. 休闲的民生价值

在马克思看来，休闲的获得在于"创造的非劳动时间"即"在必要劳动时间之外，为整个社会和社会的每个成员创造大量可以自由支配的时间（即为个人发展充分的生产力，因而也为社会发展充分的生产力创造广阔余地）"[②]。马克思把人的生活划分为两大时域，一是劳动时域；二是自由时域即可以自由支配的时间，这个时间主要用于休息、娱乐和智力的开发。"可以自由支配的时间也就是真正的财富，这种时间不被直接生产劳动所吸收，而是用于娱乐和休息，从而为自由活动和发展开辟了广阔的天地。时间是发展才能等等的广阔天地，财富就是可以支配的时间。"[③] 从整体的社会劳动的过程来看，劳动时间的增加则意味着自由时间的减少。马克思强调，如果工人能够获得合理的劳动分配或者占有自己的剩余劳动，工人就可以得到更多的自由时间，"在劳动强度和劳动生产力已定的情况下，劳动在一切有劳动能力的社会成员之间分配

① 闫希军. 健康经济是民营企业的大舞台 大健康助推民生工程［EB/OL］. 网易新闻，2011-06-23.

② 马克思，恩格斯. 马克思恩格斯全集：第 46 卷下［M］. 北京：人民出版社，1980：221.

③ 马克思，恩格斯. 马克思恩格斯全集：第 26 卷第 3 分册［M］. 北京：人民出版社，1974：281.

得越平均，一个社会阶层把劳动的自然必然性从自身上解脱下来并转嫁给另一个社会阶层的可能性越小，社会工作日中用于物质生产的必要部分就越小，从而用于个人的自由活动、脑力活动和社会活动的时间部分就越大"[①]。而这些自由时间本质上是人的发展的重要前提，只要获得充分的自由时间，人就可以充分发展自己的兴趣、爱好、创造力等各种才能，进而去反哺生产力的发展，即"由于给所有人腾出了时间和创造了手段，个人会在艺术、科学等等方面得到发展"[②]。由此人的全面性不断得以获得与整合，所以也就造就了其对于人类解放与发展的决定性价值，"整个人类的发展，就其超出对人的自然存在直接需要的发展来说，无非是对这种自由时间的运用，并且整个人类发展的前提就是把这种自由时间的运用作为必要的基础"[③]。

基于马克思对于自由时间的论证逻辑，我们可以获得这样一个基本的理路，即自由时间乃是生产力发展的必然产物，它虽然并不完全等同于休闲，但把休闲视为其主要内涵要义，并为休闲成为可能的生活方式提供了前提条件。人们对休闲的需求是在基本民生得到保障的基础上的一种高层级的生存方式，人在此状态下可以自由支配自己的活动时间和劳动果实，并且从中获得身心的满足感和体验自我实现。较之为了获得温饱的民生，休闲民生意味着人将从外在的必然性的束缚中获得更多的自由，也就是说，人们将从生存的必然性中解放出来，人在休闲活动中能够真正体验到人的发展所带来的愉悦而幸福体验，休闲民生将会把人的生活变成更为纯粹的"属人"的生活人的生活变成具有了个性的丰富性、需要的全面性、存在的整体性特点的生活。

2. 休闲民生的建构前提

当前中国特色社会主义现代性建构在改革开放的助推下已经具备

① 马克思. 资本论：第1卷［M］. 北京：人民出版社，1975：579.
② 马克思，恩格斯. 马克思恩格斯全集：第46卷下［M］. 北京：人民出版社，1980：219.
③ 马克思. 资本论：第3卷［M］. 北京：人民出版社，1975：927.

了休闲民生建设的两大前提。第一，物质财富的充裕。全面建设小康社会的持续推进激活了休闲民生建设程序，伴随着小康社会建设的逐步深入与完善，经济既好又快，政治民主化程度更高，文化更加繁荣，社会更加和谐，生态得到改善，人民生活更加富足。各领域的进步与发展已经在将人从为生存而进行的较为繁重的劳动中解放出来，更多的自由时间必然使人们去获得更高级的民生需求——休闲。"在所有的人实行明智分工的条件下，不仅生产的东西可以满足全体社会成员丰裕的消费和造成充足的储备，而且使每个人都有充分的闲暇时间去获得历史上遗留下来的文化——科学、艺术、社交方式等等——中一切真正有价值的东西；并且不仅是去获得，而且还要把这一切从统治阶级的独占品变成全社会的共同财富并加以进一步发展。"[①] 第二，自由时间的充裕。马克思认为，"国民要想在精神方面更自由地发展，就不应该再当自己的肉体需要的奴隶，自己的肉体的奴仆，因此，他们首先必须有能够进行精神创造和精神享受的时间"[②]。在社会主义社会，劳动的性质已经发生改变，在资本主义社会中所产生的劳动异化即肉体被摧残和精神被折磨的现象在社会主义社会中已经得到合理矫正，工人的劳动与特权阶级休闲之间的根本对立基本上得到解决，从而进入了一个马克思所畅想的"作为自由时间的基础，而取得完全不同的、更自由的性质，这种同时作为拥有自由时间的人的劳动时间，必将比役畜的劳动时间具有高得多的质量"的自主存在状态。人的劳动在社会主义的条件下已经实现了可以被自己支配，实际上也就使得人们获得了更多的自由时间。"'真正的生活'开始于工作之外，工作本身成为拓展非工作领域的一种手段，并成为个人获得他所追求的各种可能的主要活动的临时职业"[③]。而当自由时间增多，也就是说，随着劳动性质的改变、劳动方式的变化、劳动效率的提

① 马克思，恩格斯．马克思恩格斯文集：第 3 卷［M］．北京：人民出版社，2009：258.
② 马克思，恩格斯．马克思恩格斯全集：第 42 卷［M］．北京：人民出版社，1979：57.
③ GORZ A.Farewell to the Working Class［M］. London：Pluto press，1982.

高，当人们不是在为生存而辛苦劳作的时候，那么曾经用于劳作的时间将更多用于休闲民生领域之中。

3. 休闲民生的现实伸张

休闲作为人的活动本身所关照的就是人的生存与发展，随着“以人为本”理念在中国现代性建构进程中的上位，“物本”的价值观念与生活方式已经开始被扬弃。也就是说，人们在物质财富获得的基础上开始超越对于物质价值的追求和依赖，而开始转向自己支配的自由的生活方式和自我发展与完善的价值观念，当今的中国人的民生诉求已经开始向休闲领域伸张了。追逐休闲的生活方式是一种生存质量提升的显著标志，而且此种趋势将会呈现越来越大众化的普遍性。

根据马克思对于自由时间内涵的规定，我们选取了教育、文化、娱乐、旅游等相关休闲领域的变量进行验证。如表 5-1 和图 5-2 所示，进入 2000 年以来，随着我国进入全面建设高水平小康社会的历史进程之中，人民群众用于教育、文化、旅游、娱乐的消费开支呈现逐年上升的趋势。显示出人们的消费领域的新变化，开始重视休闲消费，而且重视程度随着时间的推移而不断提高。表明人民群众在生活理念、生活方式上已经发生了巨大的变化，更加追求健康休闲的生活，使得生活更加多元化。人们不仅开始注重享受自己的劳动成果，而且更加注重享受休闲本身所带来的自我满足和幸福体验。

表 5-1　国民旅游人数与消费情况（2001—2012）

| 年份 | 国内居民出境人数（万人次） | 国内旅游人数（亿人次） | 国内旅游人均花费（元） |
|---|---|---|---|
| 2001 | 1,213.44 | 7.84 | 449.5 |
| 2002 | 1,660.23 | 8.78 | 441.8 |
| 2003 | 2,022.19 | 8.7 | 395.7 |
| 2004 | 2,885.00 | 11.02 | 427.5 |
| 2005 | 3,102.63 | 12.12 | 436.1 |

续表

| | | | |
|---|---|---|---|
| 2006 | 3,452.36 | 13.94 | 446.9 |
| 2007 | 4,095.40 | 16.1 | 482.6 |
| 2008 | 4,584.44 | 17.12 | 511 |
| 2009 | 4,765.62 | 19.02 | 535.4 |
| 2010 | 5,738.65 | 21.03 | 598.2 |
| 2011 | 7,025.00 | 26.41 | 731 |
| 2012 | 8,318.17 | 29.57 | 767.9 |

数据来源：根据历年《中国统计年鉴》整理

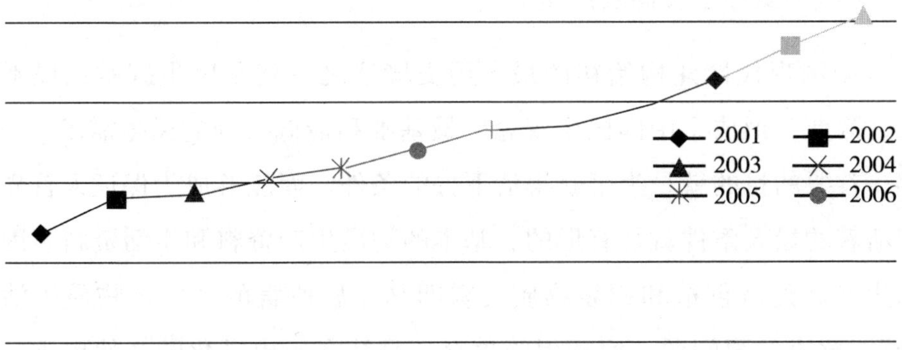


图 5-2　我国城镇居民教育文化娱乐人均消费支出（2001-2012）

数据来源：根据《中国统计年鉴》整理

在民众对于休闲的需求日益增强以及人们用于休闲消费支出不断增加的情况下，休闲产业和休闲经济逐渐成长和壮大，它们为人民提供休闲产品和休闲服务，满足人们对于休闲消费的需求。而随着人们对于休闲的需求的不断增加，休闲在人们生活中的地位持续提高，使得休闲产业必将具备新兴的经济增长点的特质并预示着其必然成为国民经济中的重要领域乃至发展成为支柱产业。

休闲已经逐渐地在演变为这个时代的重要特征和人的一种存在方式，而且它的价值规定性表明其主要在民生领域获得生长的土壤。因此，休闲民生必然在中国特色社会主义民生建设中的一个重要目标和领域。

## 二、形态的跃迁：重民生发展与强民生共建

形态是指事物的外部表征，即形状、内容构成、材质等。它是由“形”和“态”两个要素化合而成，“形”表示形象，是一个表现广延性的词汇，它体现的是一种空间尺度；“态”则表示存在的状态。民生形态就是指民生在一定空间内所呈现的存在状态。辩证唯物主义告诉我们，民生具有层级性动态属性，其形态必然伴随经济社会的发展进程而呈现具有阶段性特质的表征。

### （一）生存型转向发展型

中国现代性建构始初的最大历史境遇之一就是民生凋敝、民不聊生，因此，形成了中国民生观念中最基础和最低级别的民生需求——生存，首要的目的就是为了获得活下去的条件。而能够成为保证人首先能够活着的最大条件就是有形的、基本的物质生产资料和生活资料。因此用生产和经济创造和积累物质资料即马克思所言的“生产物质生活本身”，解决贫困问题，实现保障生存，是社会历史进化的必然要求。此时的民生形态展现出明显的生存型的特质。无论从民生的目的上还是从保障的条件和手段上无疑被打上“生存”的烙印。生存型的民生形态表现在党和政府的政策理念中就对象化为“保障民生”的层次。生存型民生的目标显而易见就是为了摆脱贫困，解决温饱生存型的民生形态主要特质表现为，民生诉求满足的单一性和消极被动性。

发展的工具性价值在于它能够满足人多层次、多维度的合理性需求。党和政府视发展为第一要务，对发展价值理性认识的不断深入使发展的新视野和发展的新境界随着民生诉求的提升而得到升华，并实现了从片面强调发展的工具价值转向注重发展的工具价值、人文价值和伦理价值的协调统一。这些价值内蕴反映在民生上就表现为生存型向发展型民生形态转化的民生规律的显现。从追求生产、经济发展建立民生的物

质基础开始，到“五位一体”的民生格局，再到人们对于健康和休闲的生活方式的追求，映照出中国社会经济的发展已经进入了一个新高度和新领域，保障民生的物质基础已经得到夯实，经济的蛋糕持续变大，这就要求党和政府必然要适应这种民生内涵的转化规律与转化趋势，在解决温饱问题即基本生存问题的基础上应该开始关注人的自由全面发展上来。此种转化对象化为党和政府在制定民生政策、民生决策的过程中应该越来越偏重于如何保障人民群众生存的持续性，而且基于持续性基础上的更加注重生命、生存、生产、生活的涵养层面即发展型的民生形态。简言之，民生政策的制定与实施不但要把人民养活，而且更要把人民养好。而对于人本身的民生状态则是从“我要活”转向“我要活好”。

根据以上的论证可知，发展型的民生属于内涵式的民生即注重质量和效能的民生。它包含两个层级的意旨或特征。

其一，发展型民生首先是使人的基本生存得到可持续性的保证。此种保障某种程度上依赖于公共权力——政府的决策、制度的建立和资金的投入，如社会救济、社会保险、社会保障体系等，但是此种被动式的民生保障显然不能真正体现出发展型民生的核心价值，它的核心功能一定是让被动而集中的输血转化为民生本身形成造血机制上，即所谓的“生产性”的生存保障。一方面，由于“输血式”的民生保障要求国家在政策和资金上的巨大投入，从而造成财政的沉重负担和制度上难以平衡，这种生存型的民生明显是以高成本为基础的；另一面，过度的民生保障政策和措施还可能造成社会对立，也就是说，当政府通过行政干预实现保障民生生存的时候，随着干预力度的增加，在一段时间内就会出现某些阶层得不到保障而与获得保障群体之间的对立。如此一来，就会导致更多的人不再通过自己的工作而是要求获得公权力主导的民生保障生存下去的社会现象。唯有如此，才能保证人的生存层面上的持续与健康。

“造血”式的即“生产性”的生存保障注重民生保障和经济发展的

协调性。此模式依靠生产经济方式的转型，确保更大比例的资本投入民生领域，让民生不仅仅是目标，而且成为拉动经济发展的动力。而老百姓收入提高了，消费能力增强了，自然会拉动内需，带动经济良性增长，让民生发挥生产力的作用，实现民生保障与经济发展的双向互动，展现民生作为协调经济和社会发展的重要价值。“生产性”的生存保障不但为科学发展增添活力，更重要的是使民生保障获得了持续保障的合理性和内驱动力。

其二，发展型民生的第二层意旨在于人民群众生活质量的提升。生存型民生保障体现出数量保障的特征，发展型民生层次则更加注重生活质量提高。如同经济转型一样，民生也面临结构和质量的调整和优化问题，即在生存问题获得解决的基础上，如何获得高质量的生活？这个理路明显展示出发展的价值和机制在发挥作用。发展型民生形态趋向的形成主要缘于两个要素，第一，中国社会主义现代性建构经由40余年的改革开放已经将人民群众的生存问题解决。经济的快速发展已经为人民群众的基本生活提供了较为强大的物质基础，而且党和政府的社会政策在不断地使这些物质基础持续惠及人民。由此而言，基本的温饱问题已经不再是广大人民群众最关注的、最直接的和最急需解决的问题，而是开始转向了生存质量的问题上了。正如美国学者罗斯托（Walt Whitman Rostow）在其《政治和成长阶段》一书中提出的，经济发展必然引起人的生活方式的变革，最为显著的标志就是它使人们进入了一个开始追求生活质量的新纪元。第二，追求高质量的生活水准是人谋求幸福的本性使然。追求自己的目的实践构成了人类社会历史。生存作为人类首要的目的并不能完全概括人的生命的多重性。人们获得生存的保障并不足以揭示出人类生活的全面性和整体性，而要求在生存基础上寻求更高的价值和生活体验。所以，生活的真实意义感在于，人成为“完整的人”即全面发展着的人。以提高人民的生存状态、生活质量、生命安全、提高人构建自己发展能力等为核心价值的发展型民生形态，是对人的价值主体地位与发展文化多样性进行重新确认，而且力促民生幸福指数持续提升，不仅体现了科学发展对民生的现实关切，而且张扬出对人的终极关怀的价值意蕴，最终探索出一条经济与伦理、财富与人性兼容并包的发展路径。

（二）政府主导型转向共建共享型

尽管当前我国的民生建设事业有不少的问题急需得到合理的解决，如民生领域相关立法的工作，城乡民生保障结构不平衡，民生保障机制安排不合理、滞后等问题，但是对于制定民生政策、建构保民生与促民生的制度，应当具备长期性、战略性眼光，避免形成一种在保民生、促民生的制度安排和政策实施过程中衍生出系列社会问题的负面价值。因此，在民生观念层面和政策制定方面进行预防性和前瞻性的顶层设计显得意义重大而且不可或缺。

中国的民生观念具有鲜明的中国特色和中国价值，外化为政府主导、社会分担、个人参与的共建共享的民生形态。“共建”即鼓励和引导社会全体成员积极参与到民生建设中来，发挥每个人的自觉性和创造性，在政策制定、制度安排、条件创设等各方面、各层次上参与到民生事业中。形成政府主导、社会组织参与、个人自我调节的良性互动的民生建设的新格局。“共享”就是让社会全体成员能够在通过参与民生建设而形成的民生成果中普遍受惠，即分享民生发展“红利”。“共建”是前提和途径，只有实现参与民生建设才能获得民生带来的实惠；“共享”则是目标价值，是落脚点，是“共建”所要达到的目的。因此“共建”的程度决定了“共享”的质量，而“共享”的质量又制约着“共建”的参与度和参与能力。二者相辅相成、相互促进，双向互动于民生建设的实践之中。共建共享的民生形态以人类社会生活各领域的综合发展为建构基础，以公平正义为价值目标，通过政府、社会、个人多元主体之间的互动，实现保障全体人民共享资源、机会和发展成果。共建共享的民生形态是建立在对我国未来民生发展趋势的科学研判中而获得的一种全新的观念维度和评估，这是一条符合民生建设、创新民生治理科学发展的必由之路和现实选择。

1. 政府主导下的民生

在观念形态领域之中，政府职能的转变早已成为主流的意见和认知。具体到民生领域就是指政府职能和定位从主导经济增长而转向主导公共服务。而在具体的民生保障和改善中，由政府提供社会公共产品如教育、就业、医疗、养老、公租房、社会救助等方面已经在发挥主导作用了。因为，“政府掌握的是公共权利，控制的是公共资源，理所当然要以公共利益为施政目标，而解决民生问题显然是公共利益的最大化”[①]。民生作为最大的公共产品供应必然要求政府进行主导。因此，民生首先是一种国家和政府的责任和义务，国家和政府有责任和义务去保障每个人和每个家庭的基本生存，它体现的是国家和政府的一种服务制度和行为。它通过增加公共产品和服务的开支和比重，满足民众的现实需求，从而维持社会的正常运行。由此决定了政府乃是民生保障和改善的主体。

2. 应对风险社会的必然要求

现代性工业文明的发展悖论所造就的是一个风险社会，而发展风险与传统风险结合即“风险共生”的局面将使处于现代性进程中的国家面临发展困境。风险的普遍性与平等主义特质使得社会中的任何个体和群体皆无法摆脱受到殃及的窘况，每个成员在社会风险面前遭受到损害的机会是平等的。而每个社会成员在社会风险对其生存与发展所造成的危害面前都无法单独地进行规避或者救治，比如生态问题、安全问题、道德失范问题、利益冲突等人类共同面对的公共安全问题无一不在表明，单靠个体或某一主体在社会风险面前皆显得力不从心。而处于现代

① 郑功成. 解决好民生问题始终是政府的核心任务［N］. 南方周末，2007-03-01.

化转型中的中国社会传统——现代并生的特质使得社会风险显得更是错综复杂。因此，在人的生存与发展领域所不断增加的风险面前，人们的生存与发展问题成为所有人要共同面对的问题，这就需要个体与群体、群体与群体之间的互通连接，形成共担风险、休戚与共的治理风险的格局。由此可见，民生建设单靠政府的力量实现完全包揽，在现代风险社会中难以奏效。而应形成一个风险规避机制即由政府、社会和个人共同承担风险的共建共享民生。

3. 社会组织和个人价值的成长使然

我国自改革开放以来，社会力量迅速增长，主要表现为社会组织和个人的主体性和行动能力的不断增强。它们在社会生活中的地位和功能越来越明显，在弥补政府职能不足方面的发挥上作用愈加突出。它们在民生共同治理中与政府一道成为责任的分担主体，表明我国社会已经形成了利益多元主体化的明显趋势。

（1）社会组织的发育

改革开放以后，"总体性社会"逐渐在分化并优化的基础上得以重建，而为了适应市场经济体制建构和发展的需要，在当今全球治理理念中私人部门的主体地位和职能不可或缺，使得中国社会中的社会组织在中国特色社会主义制度中获得了成长的土壤而迅速成长起来。社会组织主要是由社会各个阶层自发组成的，主要以从事社会公益活动为目的的非营利性、非官方性的团体，包括社会团体、民办非企业单位、基金会等主要形式。

社会组织的存在主要表现在公共服务领域，其角色更加亲和于人民群众的生活实际，因而在关注民众的诉求、服务民生上弥补政府"缺位"或实效不足的问题上的作用不可忽视。此外，社会组织力量的发展壮大有利于促进政府由管理职能向服务职能的转化，在政府运行机制上不断实现权力的"减持"，即把权力适度而有序地向社会组织让渡，把无需政府来做的或者政府做不到位的领域移交给社会组织，形成合作共治的治理局面。再者，社会组织还被称为政府和民众之间沟通的桥梁，发挥着融洽二者关系的“黏合剂”作用。转型后的政府成为公共服务的政府，社会组织本身应公共服务而生，二者共同的目标和功能的重叠使政府和社会组织进行整合、协调，共同服务于民生建设。社会组织分担政府在民生建设中的责任领域主要表现在，其一，基本民生的救助领域，比如，慈善事业方面，社会慈善组织通过有效的社会动员和整合社会各界的有效资源进行募捐、筹资，不但缓解了政府的财政压力，更重要的是有效满足了弱势群体对于基本生存的需求。其二，志愿服务领域。比如，在社区志愿服务中为民众就业提供义务咨询、信息发布、技能培训等，在精神文化生活上、卫生健康上的义务咨询、诊断服务，助残、敬老的关怀服务等。其三，环保领域。环保和生态治理上虽然政府是主导者，但是民间社会绿色环保组织在筹集资金上，尤其在环保意识、生态观念的宣传和引导上所发挥的作用有力配合了政府治理行动。不仅如此，社会组织的公益性质和公共服务的功能使其完全可以承担起政府在转型后的某些功能。因此，社会组织的公益性、自治性、志愿性等特质所倡导的互助、利他、包容等公共精神完全担当起社会冲突的“减压阀”，缓冲着各种社会利益群体之间的冲突，增强了不同群体之间的信任感和包容精神，促进了社会团结，而且在满足多层次的民生诉求上，为国家和政府拓展了服务渠道，培育了民众参与“民生治理”的主体意识。社会组织的社会功能已经表明它不可能游离于民生事业之外，失去了民生这个最基本也是最大的服务对象和平台，社会组织的存在就显得毫无意义，所以社会组织必然是民生建设事业的题中之义，而且必然成为重要的民生责任的分担主体之一。

（2）个人主体性价值的确立

民族主体与人民主体的确立，使人民集中力量建构现代性的先决条件终已具备，并由此派生出了社会主义基本制度以及与之相适应的社会心理结构。“民生型现代性”在曲折的探索中，其所创立的现代文明逐渐地彰显于中国社会演进进程之中。新的时代条件下，应改革开放新实践的要求而确立的以人为本作为科学发展观，表明中国共产党在逐步唤醒个体的主体自我意识，从而把“民生型现代性”带入了一个崭新的历史坐标中。

“在我们这个时代，每一种事物好像都包含有自己的反面。我们看到，机器具有减少人类劳动和使劳动更有成效的神奇力量，然而却引起了饥饿和过度的疲劳。财富的新源泉，由于某种奇怪的、不可思议的魔力而变成贫困的源泉。技术的胜利似乎是以道德的败坏为代价换来的。随着人类愈益控制自然，个人却似乎愈益成为别人的奴隶或自身的卑劣行为的奴隶。甚至科学的纯洁光辉仿佛也只能在愚昧无知的黑暗背景上闪耀。我们的一切发现和进步，似乎结果是使物质力量成为有智慧的生命，而人的生命则化为愚钝的物质力量。”① 面对中国现代性建构中的困境，中国共产党迅速凝聚出了崭新的共识，提出了科学发展观战略思想。其中视以人为本作为反叛“物的依赖性”的核心武器。历史唯物主义中的以人为本，把“建立在人的全面发展和他们的共同社会生产能力成为他们的社会财富这一基础上的自由个性”② 作为终极目标。此时，“人的独立性”不仅是相对“人的依赖性”而言的，它更加强调的真谛是个体自主性即个体的主体意识、独立人格和个体的创造性的三位一体。而自主性意味着每个人独立的自我意识以及按照自己的意志决定自己的行为，以自身满足自身，而不是以“他者”满足自身。中国共产党在中国现代性的建构中依靠民生把每个个人凝聚成了社会的主体力量，而且只有把每个个人的生存权和普遍发展权作为最高价值致思，才能重新认知与定位中国现代性建构这个未完成的方案。

基于中国现代性建构进程中个人价值的理性回归与个人在马克思

---

① 马克思，恩格斯．马克思恩格斯选集：第 1 卷［M］．北京：人民出版社，1995：775.
② 马克思，恩格斯．马克思恩格斯全集：第 46 卷上［M］．北京：人民出版社，1979：104.

主义逻辑中的目的价值地位表明，实现民生最优的一个首要前提条件就是个人的生存与发展得到保障。个人观念的转型，个人主体价值的确认，使得民众的个体意识、自主意识和发展得以唤醒。这意味着，其一，党和政府在保障民生和改善民生的进程中必然注重每个人平等生存与发展的权利和能力。其中最大的也是最基本的价值在于让每个人平等获得民生保障和改善的机会以及平等地参与到民生的社会安排之中。质言之，不但体现出国家保障民生这样一种结果式的民生平等，将来更应该彰显出每个人的民生参与和机会的平等价值。如此不但能够保障人的生存，更重要的是让人获得发展，为个人提供工作和实现自我价值和满足的机会和平台。“在一个工作对于维持自尊和生活水准而言处于至关重要地位的社会中，获得工作的可能性就是‘机会’的一项重要含义。”[①] 这里实际上就涉及民生和“民力”的关系问题，也就是说，如何在保障民生的前提下发挥民力自觉自主的促进民生的问题。其二，人们在民生中主动寻求自主而自我的保障和发展，形成一种自我民生能力。这就需要人们在自主意识的指导下主动打破政府与个人在民生中的传统关系，积极投入为自身和家庭民生而努力工作，在享受国家民生保障的同时积极主动承担起个人的民生义务和风险。人的生存和发展问题并非仅是国家和政府的职责，还应该是一个与个人能力息息相关的直接命题。它要求个人在民生中通过个人的能力去获得更高层级的生活水平和生活质量。所以，个人还应该自觉地培养民生能力，增强自己的生存技能。这体现的是民生中对自由和机会价值的弘扬。只有如此，个人的生存与保障才可能形成一种可持续的、积极的民生状态。从此意义上讲，个人主体性价值体现在民生中就要求个人成为民生责任主体，成为负责人的个人。中国的民生观念必将逐渐形成既讲个人民生权利，又强调个人民生责任。

---

① 安东尼·吉登斯.第三条道路：社会民主主义的复兴［M］.郑戈，译.北京：北京大学出版社，2000：113.

## 三、功能的跃迁：社会主义意识形态形塑的重要思想资源

我国民生观念的功能价值不但表现在其深化了对中国特色社会主义建设规律的认识，丰富了党和政府的执政理念，指引了中国特色社会主义民生建设的实践，而且由于其在维护社会稳定、整合利益诉求、支配社会行动等方面的价值向度，使民生观念具备了意识形态的功能。我国的民生观念不但具有意识形态的基本功能，而且体现出社会主义意识形态的本质，因此其必然成为一个具有统摄地位，包容和凝聚其他价值精神的主流意识形态，并为社会主义核心价值体系培育开发出崭新资源。

### （一）民生观念映射出社会主义意识形态的本性

社会主义意识形态就是指以科学社会主义理论为指导的，在社会主义运动的实践中形成的，表达无产阶级和最广大人民根本利益和要求的系统化、理论化的思想体系、精神信仰、行为规范和价值追求。社会主义意识形态的形成直接源自于马克思主义经典作家对民生的直接关注，深刻体现了对广大人民群众民生利益的情感与关怀，确定了中国共产党的执政行为和执政目标。

#### 1. 构成了社会主义意识形态的生长点

阿尔都塞（L.P.Althusser）说过“意识形态没有历史”，意识形态不过是基于现实实践活动的反射和理性回想。“思想、观念、意识的生产最初是直接与人们的物质一起的。人们的想象、思维、精神交往——是人们物质行动的直接产物。”[①] 社会主义意识形态就是直接源于对无产阶级和广大人民群众民生状态和民生诉求的直接关注。马克思主义理论的起点始于对现实的个人的生存状态的关怀，通过不断地获得民生需求的各种条件即政治解放、社会解放而实现人的自由全面发展这个民生的

① 马克思，恩格斯．马克思恩格斯选集：第 1 卷［M］．北京：人民出版社，1995：72.

终极目标。

马克思认为对于人类社会历史演进的考察，“应当确定一切人类生存的第一个前提，也就是一切历史的第一个前提，这个前提是：人们为了能够‘创造历史’，必须能够生活。但是为了生活，首先就需要吃喝住穿以及其他一些东西。因此第一个历史活动就是生产满足这些需要的资料即生产物质生活本身”[①]。历史唯物主义把人类历史的生长点放在了基本民生的保障活动上的举动恰是给了社会主义意识形态建构的一个发育基点。因为人民群众的保民生的生产实践活动乃是通向人的自由全面发展这个最高社会存在的唯一可靠的途径。

马克思认为人的解放并不是什么宗教解放或者哲学解放，它们在人的生存和发展面前显得意义甚微。而真正的解放首先是生存的解放即生存保障的获得，“当人们还不能使自己的吃喝穿住在质和量方面得到充分保证的时候，人们就根本不能获得解放。‘解放’是一种历史活动，不是思想活动，‘解放’是由历史的关系，是由工业状况、商业状况、农业状况、交往状况促成的”[②]。社会主义意识形态是关于人的解放的学说，人的解放其实质就是民生幸福的前提要件，所以民生在社会意识形态系统中具有基点的意义。

工人阶级虽然创造出了巨大的产能，但其所得却只能维持其肉体的存活，工人只能生活在赤贫之中。所以在马克思看来过去的意识形态的本质是在维护既得利益的统治阶级需求欲望，所以它们具有虚伪和欺诈的理论特质在其中。“每一个意识形态的兴起，都能反映某一时代的希望和需求，也都能被其他的意识形态按照后来的经验修而正之，取而代之。”[③]如果要克服此种带着虚伪面纱的落后意识形态的对民生的形而

① 马克思，恩格斯．马克思恩格斯选集：第 1 卷［M］．北京：人民出版社 1995：78-79.

② 马克思，恩格斯．马克思恩格斯选集：第 1 卷［M］．北京：人民出版社 1995：74-75.

③ 克拉莫尼克，华特金斯．意识形态的时代：近代政治思想简史 [M]. 章必功，译．上海：同济大学出版社，2006：序言．

上学式的压制，就必然对包括无产阶级在内的广大劳动人民群众的民生状态进行矫正，而最基础的矫正措施就在于立足于广大劳动人民群众的物质生产和生活的实践，在此活动过程中实现私有财产的积极扬弃，让劳苦大众通过恢复社会属性而获得生存和发展的条件和手段，从而建构起立足于社会生活的社会主义生产方式，并在这个最大的社会存在的基础上建构起社会主义意识形态。马克思强调“不是意识决定生活，而是生活决定意识”①，所以，对于无产阶级和广大人民群众的民生境遇的改变是形成社会主义意识形态的生长点。基于此，可以得出，社会主义意识形态对民生的内在关切具有天然的合理性。

当社会主义意识形态发展至中国特色社会主义的历史时域，民生的生长点的功能发挥和助推依然无法替代。也就是说，中国在现代性进程中的民生诉求与满足之间的实践互动，推动着社会主义意识形态获得了中国特色的时代与价值规定。中国自进入现代性建构之时，民生就被放在与民族价值同等重要的位置，人民解放和共同富裕的实践活动持续建构着社会主义意识形态的逻辑结构、内在规定及特质。从民生的革命逻辑转向“五位一体”的民生格局，科学地揭示和创造性地延伸了社会主义意识形态实践特色、理论特色、民族特色、时代特色，不断坚定着中国人民对中国特色社会主义的道路自信、理论自信、制度自信。

2. 体现出人民利益的价值取向和根本要求

历史唯物主义认为，意识形态具有极强的阶级属性，而“统治阶级的思想在每一时代都是占统治地位的思想。这就是说，一个阶级是社会上占统治地位的物质力量，同时也是社会上占统治地位的精神力量。支配着物质生产资料的阶级，同时也支配着精神生产资料，因此，那些没有精神生产资料的人的思想，一般地是隶属于这个阶级的。占统治地位的思想不过是占统治地位的物质关系在观念上的表现，不过是以思想

① 马克思，恩格斯．马克思恩格斯选集：第1卷［M］．北京：人民出版社，1995：73.

的形式表现出来的占统治地位的物质关系；因而，这就是那些使某一个阶级成为统治阶级的关系在观念上的表现，因而这也就是这个阶级的统治的思想。”① 马克思主义认为，思想存在的前提乃是阶级主体的存在。社会主义意识形态在马克思主义明确规定为，具有普遍意义的、代表了绝大多数人的利益，它与无产阶级的历史使命完全契合，具有高度统一性。这就表明了社会主义意识形态的所具备的阶级前提是包括无产阶级在内的人民群众。另外，从我国民生问题的本质而言，民生问题的实质就是人民群众最为关注的生存与发展问题。也就是说民生的主体一定是绝大多数的人民群众。最后，中国共产党在领导人民群众进行革命、建设和改革的历史进程中的民生观念和实践，始终坚持以人民利益为情感和价值的关怀主体。作为一个极具内涵包容性的集合体——人民是每个个人的存在基础与依托，它是全体社会主义劳动者、社会主义建设者、拥护社会主义的爱国者以及维护祖国统一的爱国者所集合而成的最大群体。作为推动中国历史前进的决定性力量的中国人民，自从获得自主性开始，便迅速成为中国社会主义现代性建构的主体力量，释放出了无比巨大的社会正能量，不仅创造了伟大人类文明和丰富物质财富，更是中国民生型现代性建构的核心力量，因而自然而然成为民生建设成果的拥有者与共享者。所以，中国的民生观念代表最广大人民的利益具有合理性、自然性和价值性。

### （二）民生观念彰显了社会主义意识形态的社会功能

对于意识形态的社会功能，如果基于其本质维度进行审视，即可得出它最主要的社会功能就在于我们应该如何对待人与人之间的关系以及如何和谐地生活在一起。然而，意识形态极强的阶级属性又造就了它必然为阶级统治做出合法性的解释和支撑而存在。而意识形态本身并非

① 马克思，恩格斯．马克思恩格斯选集：第 1 卷［M］．北京：人民出版社，1995：98.

是自在的存在，它必须与社会实践结合才能迸发出生命力。由此而言，社会主义意识形态具备三种类型的社会功能，一是整合功能；二是辩护功能；三是导向功能。而民生观念自其诞生以来一直对社会进行着整合、辩护和引导。民生观念彰显了社会主义意识形态的社会功能，表明二者内在逻辑的一致性，民生观念必然进入中国社会的意识形态建构之中。

1. 民生观念的整合功能

整合就是指对于系统内部诸要素、各结构之间进行调整、协调，使它们处于良好的运行状态，并进行良性互动，形成合力，共同有效发挥各自的功能，从而促进有机整体的健康而稳定的运行。意识形态的整合功能就是意识形态可以在社会有机体内部各系统、各部门、各阶层之间进行各种关系的协调，使社会全体成员形成共同的意志、价值和目标等。而民生观念在社会整合领域具有明显的动员和凝聚作用。

民生观念一方面形成于人民群众对于生存与发展的理想状态的获得而进行的能动的认识活动的成果；另一方面源自于人民群众对生存和发展的诉求以及社会对于此种诉求的保障和改善的进程之中。所以民生既是社会成员的理想又是诉求；它是一个具有广泛性的、关于人的存在条件范畴。这个范畴所提供的恰是一个关于最合乎人们生存与发展本性的理想境遇。所以民生观念一旦形成随即转化为具有价值特性和精神追求维度的理想信念，而这个理想信念与人民群众对于生存与发展的愿望和要求高度契合，并由此信念所指导而进行积极的社会行动。由此决定了民生观念完全胜任社会凝聚力的动力源的角色，完全可以充当“社会黏合剂”将人们的意志和行动凝聚起来形成强烈的社会共识，并组织动员民众的社会活动统一到为民生而奋斗的实践之中。因此，国家、政府或者社会一旦声称能够提供保障或改善人民群众的生存与发展状态，那么此种政纲将会迅速成为集结群众力量、凝聚社会基础的旗帜。此外，民生观念之所以能够发挥社会整合功能，还在于民生观念可以发挥引导作用，指导人们进行合理的价值决策，让人们认识到自己的民生诉求以及如何追求自己民生利益并在此基础上形成共同的民生目的价值。

2. 民生观念的辩护功能

民生观念的辩护功能指的是民生功能的政治层面的价值。质言之，民生观念可以对执政者以及现存的政治制度的合法性、正当性、正义性进行有力说明和论证，从而实现民众对现存政治制度中执政者执政地位、执政活动的普遍接受与认同。民生观念透露出的是中国共产党对于人民群众生存与发展的关注和矢志不渝的价值追求与历史责任。中国共产党执政的合法性源自于其对人民群众基本生活的保障和生活质量的提高上即“民生的指数”上。相反如果没有对于民生的关注和改善的话，党执政的合法性将会发生流失。“只有在改善劳动者的经济状况的条件下群众才会投入运动，积极参加运动，高度重视运动，发扬英雄主义和自我牺牲、坚定不移的精神，并对伟大事业忠心耿耿。”[①] 所以，民生保障和改善对于执政合法性无疑具有决定性的意义。而民生观念对于提升中国共产党执政业绩有重大实践导向作用，它可以指导政府进行职能转变即转向民生型政府。民生型政府的建构乃是基于公平正义的价值之上，将直接、具体、实在的民生需求问题作为施政的出发点和归宿。因此，民生观念具有为党的执政合法性辩护的价值特性。

3. 规定了执政党的施政目标和行为

观念只有在与行动发生关联时，才具备实际意义和效能。这是由意识形态的实践特性所决定的。中国现代性民生观念自建构之始就不是一个纯粹的意识形式，而是充满了具体民生实践导向功能和趋势，它持续地向民生注入实践的力量。民生观念有效指引了政治实践，它给了人们一种理想的信仰，并告知执政党带领民众所奋斗的目标和为此目标而奋斗的缘由。所以，民生观念在意识形态领域造就的是一种身份的意识和目的意义。民生观念规定了政治活动所追求的信仰和价值，它可以通

---

① 列宁 . 列宁全集：第 21 卷［M］. 北京：人民出版社，1990：325.

过鼓舞、动员而进行普遍的民生行动去建构一个具有最大可能性的民生幸福境遇。"意识形态之所以具有力量也就在于它的激情。抽象的哲学探索总是千方百计地消解激情，而人总是企图合理化所有的观念。对于思想家来说，真理产生于行动，它的意义是通过一种'顿悟时刻'被赋予经验的。思想家不是在沉思中求得生存的，而是在'行动'中求得生存。"①

从民生主义到现代中国特色社会主义"五位一体"民生观念的整体性建构，民生始终都在发挥着其对于施政政策与价值的引领。尤为明显的是当下的中国民生建构进程中，民生观念引领执政主题的转换，即从发展经济转向人民群众最关注、最直接、最现实的具体的民生领域。执政权力已经实现围绕民生的常态运转。也就是说，党和政府运用国家权力把各种资源调配用于民生领域，进行主要以保障民生和改善民生为内容的民生建设。它使得中国共产党和政府的执政理念实现了质的飞跃，意味着党和政府的执政目标更加具体和归真。

### （三）民生观念教育纳入主流意识形态教育必要性

马克思主义认为，主流意识形态乃是隶属于统治阶级的、并在社会生活中占据统治地位的系统的思想观念体系。由此看来，主流意识形态在社会中有精神支柱和主导价值的地位和作用。随着民生观念逐步被党和政府确立为执政和发展的主题，民生观念的意识形态功能愈加彰显。成就了民生建设和社会主义主流意识形态的良性互动。加强民生建设有利于人们对主流意识形态的认同；主流意识形态又在为民生建设引领着方向。民生观念不但已经成为社会主义主流意识形态重要的培育资源，而且成了提升社会主义主流意识形态教育实效性的重要手段。

---

① 丹尼尔·贝尔．意识形态的终结［M］．张国清，译．南京：江苏人民出版社，2001：459–460.

1. 民生观念的吸引力与政权保障

“每一个企图取代旧统治阶级的新阶级，为了达到自己的目的不得不把自己的利益说成是社会全体成员的共同利益，就是说，这在观念上的表达就是：赋予自己的思想以普遍性的形式，把它们描绘成唯一合乎理性的、有普遍意义的思想。”① 意识形态需要通过培育而获得民众的认知与认同。如果失去群众即没有或者不能被群众接受和认同，那么它们就变成了抽象而空洞的教条而必然被替代。这就决定了主流意识形态必然在坚守其核心价值的前提下继续寻求或者发展能够成为整合与黏合全社会力量的价值形态。民生观念能够进入主流意识形态中，首先，其价值属性和社会功能使得它具有极强的扩张性和吸引力，这就使得民生事实上已经成为全体社会成员的“最大公约数”之一了。其次，主流意识形态由于属于统治阶级的思想而使其可以借助于政权的力量进行推广。而民生自新民主主义革命以来就已经被中国的马克思主义者视为奋斗的最高价值了。它始终萦绕于中国共产党的革命和执政理念和实践进程。当民生在中国特色社会主义建构进程中被确立为“重大政治问题”的时候，民生观念实际上已经获得了主流意识形态的认可，或者说它的主流意识形态的价值已经被执政党发现而将获得政权的力量的建构。基于此可知，民生观念无疑将成为主流意识形态的培育增长点。

2. 主流意识形态的“认同困境”

另外，我们必须直面这样一个事实，就是中国在经济建设取得飞速发展的同时，人们对于主流意识形态的认同度上还有一些差距，即所谓的主流意识形态的“认同困境”问题。

改革开放体现在经济领域，首要机制的引入和建设是市场经济手段。然而市场经济机制所承载的不仅仅是某种经济运转的机理和工具，而且是一组彰显现代性的价值体系，即自由、平等、竞争、法制、契约

① 马克思，恩格斯．马克思恩格斯选集：第1卷［M］．北京：人民出版社，1995：100.

精神等。当这组价值理念与中国人民民生诉求的社会心理发生交集的时候，所发生的化合反应，由单一的样态转而呈现纷繁复杂、变幻万千的形态样式，形成了“一主多样”的意识形态格局。而主流社会主义意识形态作为核心价值依然发生主导作用，但其也在气象万千的价值转换中不得不受到各种新生的意识形式冲击甚至是分化。它面对的是人们在多元的经济活动中所追求的价值对于主流意识形态的评判、选择和要求，甚至是各种非主流意识形态的批判和诘难。

进而言之，主流意识形态如何进行重新建构和充实以解释和指导已经发生和正在进行着的社会的迅猛变革。这就要求主流意识形态需要寻求一个具有作为统合其他社会意识形态并能够为中国共产党和政府执政合法性进行辩护的价值来充实、丰富自身的内涵。在进入 21 世纪后，民生观念正在对人民群众在社会整体进入小康水平以后，更加关注自身生存与发展权益的“民生生态”进行着理性的反映与凝结，它凝结出的是“公平正义”“以人为本”等一系列现代性价值要素。也就是说，中国特色社会主义民生观念的形成首先是对全社会普遍文化心理价值——生存与发展的理性反响。因此造就了民生观念具备了普遍认同的价值，或者说，民生观念具备了“普遍性的思想体系”的理论特质。因此民生观念发挥社会主流意识形态的统摄作用获得了首要的可能性。当执政党和政府主动进行民生基本理论和价值体系，以包容各方利益诉求的需要，并向全社会进行价值理念的推而广之的时候，民生观念客观上已经开始破除“认同困境”而发挥其社会主流意识形态的社会功能了。

3. 主流意识形态渗透民生观念教育有助于引导民生问题的解决

教育始终被中国共产党和政府认为是解决民生问题的关键环节。而把民生观念的本身作为教育对象可以使民生观念发挥主流意识形态作用，使其在解决民生问题方面的提供思想保证并发挥与实践导向的社会功能。

第一，民生观念教育的思想护航价值。民生观念教育的过程首先是一个向民众灌输党和政府执政价值和治国理念的过程。通过民生观教育让人民群众了解、认知到党和政府始终把解决人民的生存与发展问题视为执政之基和执政之矢。如此一来，让民众感受到党和政府将努力在民生问题上做足功课，通过经济发展的成果实现对民生的惠及。比如，在财政支出上更加倾向于民生领域，扩大政府的公共服务职能，逐步建立起全覆盖的社会保障制度，探索实现适度普惠制的福利政策等。民生观教育使人民群众对于党和政府民生理念中的基本任务、发展目标和制度安排等一系列问题进行一定程度上的了解和认知，为人民群众对于党和政府执政认同提供了必要的思想条件。民生观念教育还有助于民众对于自身需求的认知，也就是说，通过民生观念教育让民众了解民生需求的层级性，从而使民众能够有效结合自身生存与发展的实际，建构起合理的民生诉求。此外，通过民生观念教育还可以使民众认识到民生问题解决的“共建共享”的实践路径。保障民生和改善民生是政府义不容辞的责任和义务，但是民众自身并非被动地接受国家和政府的救助保障，而要让他们知晓个人在民生建设中的主体地位和价值。也就是说，民生观念教育需要积极地引导民众参与到民生建设事业中来，发挥其主动性，只有参与了“共建”才能“共享”民生的果实，从而避免“民生陷阱”的出现。

第二，民生观教育对破解民生问题的领航价值。“代表先进阶级的正确思想一旦被群众掌握，就会变成改造社会、改造世界的物质力量。”① 由此可见，民生的社会价值和功能的发挥需要进行引导、渗透。民生观念可以通过教育活动而转化为巨大的物质能量即保障和改善民生的物质力量。民生观念教育就是通过对人的生命价值、生存意义、生活责任和各项民生权益等层面的教育和认知去影响人们的民生行为，激发人们积极地参与到经济和社会发展的进步事业中来，进行生存与发展改善活动，从而构筑起一个科学的关于人的生存与发展观。另外，民生观

① 毛泽东．毛泽东文集：第8卷［M］．北京：人民出版社，1999：320.

念中的价值理念——公平正义，可以发挥其价值引导的功能。公平正义可以说是民生领域的基本价值。经济增长属于民生保障和改善的条件，但是经济不可能永久而持续地获得增长。经济发展缓慢，甚至停滞、倒退的现象并不鲜见。此外，经济增长并不能直接导致公平正义，更多的却是在引发贫富差距的扩大而产生社会不公问题。尤其是在经济社会持续发展的现代中国，民生问题更多地表现在民生资源的分配上。相应的，人们对于民生问题的关注主要集中在公平正义的价值层面。通过对民众进行民生价值如“以人为本”“公平正义”“共同富裕”等中国特色的民生价值理念的“灌输”和引导，有助于消解各阶层民众对民生问题解决过程中所产生的各种矛盾，形成积极健康的民生环境，让人民群众切身感受到党和政府的民生关怀等方面发挥着积极有效的社会功效。

# 第六章　中国现代性时域中民生观念建构机理与规律

中国现代性时域中民生观念是依照民生主体从事并推进民生实践，民生实践生成民生文明，沉淀民生价值，民生文明与价值重新作用于民生主体的逻辑演进范式而进行建构，并经由“民生主义”逻辑、“民族民主革命”逻辑、“生产”逻辑，终而形成“五位一体”的逻辑格局。这条建构的逻辑进程既体现出了民生观念的历史性，又在彰显着它的共时性。

## 一、现代性与历史唯物主义的逻辑：民生观念的转型机理

建构机理就是指民生观念形成的内在机能及其运行方式，它对民生观念建构进程和方式具有引导和制约的作用。现代性作为推动中国社会由传统向现代社会转型的引导动力，自从它被激活以后便随即成为“横决”国人思维、行为方式和社会生活的统摄。而历史唯物主义不仅是认知中国社会发展的“理论工具”，更重要的是它基于历史与逻辑相结合，科学和价值相统一，与中国现代社会建构之间所构筑的“内在的生产性关系”，而使其积极参与塑造中国社会的进程之中。民生观念作为中国现代性的主题之一，其转型升级不能脱离现代性和历史唯物主义的引导、制约和形成，而且它的逻辑转进必然从现代性建构的特质和历史唯物主义那里得到合理的诠释。

### （一）现代性的建构机理：多向度与反思性

中国现代性的发展已经持续了近两个世纪，但中国“现代性方案”仍是一项未竟事业。对中国现代性价值观重新审视与定位决定着中国现代性的建构趋向。中国现代性的构建始终处于对民生的形塑进程之中，从“革命斗争的现代性”解决了民族与人民的自主性，到“经济发展现代性”解决了民众的生存与生计，再到“科学发展现代性”指引“生存民生”转向“发展民生”，中国现代性的构建不仅引导着民生的时代定位，而且制定出民生的时代规划。因此，现代性的建构对于民生不但具有“工具性”意义，而且具有深刻的“生成性”特质。

现代性从社会理论意义上讲就是传统社会秩序向现代社会秩序的转型。具体表现为形式化的制度和文化心理两个层面的转型，一方面表现为一种社会制度的搭建，即从传统社会制度向现代社会制度的转型。具体表现为，从传统社会制度的封建自然经济、专制政治、宗教信仰、个人依附而向经济市场化、政治民主化、知识科学化、社会正义化、个人主体化的转型。另一方面传统社会向现代社会的转型更意味着一种思维方式和价值观念的转换。即“一种思想和感觉的方式，也就是行为和举止的方式，在相同的时刻，这种方式标志着一种归属的关系并把它表述为一种任务”①。

因此，只强调现代性的某一个层面是无法完整地理解现代性的。中国共产党对中国现代性的构建以民生为始基，首要目的是确立起独立自主的国家制度，这是构建中国现代性的起点。而新中国的成立意味着起点的“完结”，随之而来是社会主义社会制度的构建与完善，并经历了从“苏联模式”向“中国特色社会主义”的转换。社会主义制度层面的转型，为解放和发展生产力提供了广阔的空间。为了摆脱贫穷落后，

① 福柯．什么是启蒙［C］//汪晖，陈燕谷．文化与公共性．北京：生活·读书·新知三联书店，1998：430.

实现现代化，消解人民日益增长的物质文化需要同落后的社会生产之间的矛盾，而采取的“效率优先、兼顾公平”的发展模式，充分肯定了经济发展对民生保障与改善的基础性作用。这也就决定了经济现代性成为中国现代性建构中成长最为茁壮的领域，大量的社会物质财富的创造，为民生问题的解决提供了坚实的物质基础，人民的物质生活需要即物质民生基本得到了满足。

中国现代性建构进程中，中国共产党利用革命和单纯的经济增长方式解决了民生中的基本层次即民众的基本生存、生活和生计的问题，但并不必然实现社会公正和共同富裕，更不能必然保证人的发展机会、发展能力、基本权益，进而无法进而保证人的全面发展等最高的民生诉求。相反，在实践中由于过度强调物质层面的民生——经济的增长，而忽视文化需要、心理需要和身心和谐需要的协调发展，使社会的现代性困境，自然的现代性困境和人的现代性困境进一步凸显。通过对人与自然、人与社会、人与人关系的整体反省，逐渐凝聚出科学发展模式才是中国共产党带人民群众，实现社会主义最高民生诉求的必然选择。“我们讲发展是执政兴国的第一要务，这里的发展绝不只是经济发展，而是要坚持以经济建设为中心，在经济发展的基础上实现社会的全面发展。”① 由传统的、单一的、物本的发展模式转向全面、协调、可持续、以人为本的科学发展，展示出中国现代性构建是一种自觉的理性延伸。

现代性构建所采用的科学发展模式具有总体性、建构性和再生性的特质，它把民生视为“社会有机体”的历史唯物主义的总体性范畴，从物质民生、政治民生、文化民生、社会民生、生态民生等“五位一体”的民生观念，进行着有机性、组织性的整体把握、引导民生建设。民生建设五个层次的自我运动、新陈代谢、自我生长，催动着解决民生问题

① 中央文献研究室编．十六大以来重要文献选编：上［C］．北京：中央文献出版社，2005：851.

的路径由“生存型民生”向“发展型民生”的转换。这种转换意味着，在充分保障人民享有的经济、政治、文化、社会等各领域权益的基础上，满足人民的物质需要、政治需要、精神文化需要、社会需要和生态环境的需要等，使每个个人皆能获得平等参与发展的机会并使经济社会发展成果惠及全体人民。不仅把科学发展观落实到人民的生存、发展等基本民生问题上，而且更加注重以社会公平正义、政治参与为核心内容的权益民生和以发展能力、精神文化为主要诉求的精神民生。与政治、文化、社会、自然和人的现代性协调发展的科学发展观价值追求逻辑一致，民生建设所指向的是物质民生、权益民生、文化民生、社会民生和生态民生协调发展。它们共同创设出的是一个贯穿着人的自由全面发展为主线的现代性建构与整体进化的过程。

此外，现代性建构的机理当中的“多向度”表明，现代性建构的进程不能仅视为从传统农业社会向工业化社会的单向度、单调的现代性转向，而是从传统社会制度的封建自然经济、专制政治、宗教信仰、个人依附向经济市场化、政治民主化、知识科学化、社会正义化、个人主体化转型的多向度、复调的现代性转向。金耀基认为，中国现代社会转型有三个主旋律：其一，农业社会向工业社会的转型；其二，从君主王朝向民主国家的转型；其三，文化的转型，由经学向科学的转型。从此理论维度查看，民生观念的转型乃是属于“三大主旋律”中的“次旋律”。所以，其转型运动必然具有从属性，受到转型“三大主旋律”的制约与引领。由此可见，民生观的转型与提升伴随着改革开放进程中社会主义现代性的“三大主旋律”的展开，而依次单一的由物质民生转向政治民生、文化民生、社会民生、生态民生的复合观念体系。而此种意义上建构性特征将随着现代性这个未完成的方案，持续、系统地进行下去。

### （二）唯物史观中需要层次机理：生存、享受和发展

历史唯物主义建立之基与终极价值就在于人的生存、发展和解放，

它是关于人的生存、发展和解放历史规律的哲学原则。而人的生存、发展和解放则是立足于需要这个最原始、最深刻、最基本的动力和活动之上的。人类社会历史的演进“从一开始就表明人们之间是有物质联系的。这种联系是由需要和生产方式决定的，它的历史和人们的历史一样长久”①。人的生存、发展和解放的实现也不过是对于这些需要不断进行满足的过程。生存与发展即民生的需要在马克思看来就是人的本性。这种本性首先表现为人的自然属性，“任何人如果不同时为了自己的某种需要和为了这种需要的器官做事，他就什么也不能做”②。其次，它更是人的社会本质属性，这是人立足于世界的确证和存在方式。所以“不应当只从它是个人肉体存在的再生产这方面加以考察。它在更大程度是这些个人的一定的活动方式，是他们表现自己生活的一定方式，他们的一定的生活方式”③。唯物史观认为，作为“天然必然性”和“内在的必然性”的人的需要不仅是人的本性，而且是社会和人的发展的起点和永恒的动力。

人的需要具有多元性、无限性和社会历史性，而生存的需要是最基本层次的需要，这是“一切人类生存的第一个前提。也就是一切历史的第一个前提，这个前提就是，人们为了能够‘创造历史’，必须能够生活。但是为了生活，首先就需要吃喝住穿以及其他一些东西”④。如果失去了这个前提，人就会因失去需求的广泛性和无限性而无法确证自己的存在。因此，民生的首要价值或者首先要解决的问题是保障人存在于世界的生命系统的保障。这是被马克思称之为人类历史的“第一件事”的基本价值和根本要求。中国被迫开始建构现代性的时候，民生凋敝的历史境遇，使得争取生存权利成为先进的中国人选择革命的首要原因之

① 马克思，恩格斯．马克思恩格斯选集：第1卷［M］．北京：人民出版社，1995：81.
② 马克思，恩格斯．马克思恩格斯全集：第3卷［M］．北京：人民出版社，1995：286.
③ 马克思，恩格斯．马克思恩格斯选集：第1卷［M］．北京：人民出版社，1995：67.
④ 马克思，恩格斯．马克思恩格斯选集：第1卷［M］．北京：人民出版社，1995：78-79.

一。同时构成了现代民生观念的起点。而随着“已经得到满足的第一个需要本身、满足需要的活动和已经获得的为满足需要而用的工具又引起新的需要”[①]，这种需要就是享受的需要，享受的需要是在人的基本生存得以较为稳固保障的条件下所生成的一种较高层次的需要。恩格斯在致彼·拉·拉甫罗夫文中认同了拉甫罗夫的观点，指出：“人不仅为生存而斗争，而且为享受，为增加自己的享受而斗争，准备为取得高级的享受而放弃低级的享受。”[②]而且他认为应当为这种享受的获得而斗争。历史唯物主义既然把需要作为人的社会本质力量的展现和确证，那么享受作为满足人需要的一种方式自然属于人的本质属性的题中之义。人有权利享受生产劳动的果实，当然，这种劳动果实绝非仅仅是满足人的生存的还表现为对于精神的需求的追求上，如对闲暇和自由时间的支配等方面的需要满足上。历史唯物主义认为，人的需要的最高形态乃是发展的需要。人的发展的需要是建立在生存的保障并能够从物质性的满足得到享受感之外，关于人的物质、精神的满足综合体现以及人自由、自觉的自我创造、自我实现的发展性需要。这种需要表现为人基于个性和素养基础上的生理需要、社会需要和精神需要的整合性需要形态。历史唯物主义把人的发展确立为人类社会进步的根本价值。人的需求的辩证的螺旋上升运动表明，人的生存问题即物质生活需要得到满足之后，人只有当视自身能力的发展为终极时，人类才有全面发展这个最高需要的可能性。

### （三）唯物史观中“全面生产”机理：生活生产、生命生产、精神生产

马克思，恩格斯特别重视生产对于人的规定价值，“他们是什么样的，这同他们的生产是一致的——既和他们生产什么一致，又和他们怎样生产一致”[③]。由此可知，在历史唯物主义的视野中，人的生活方式取

① 马克思，恩格斯．选集：第 1 卷［M］．北京：人民出版社，1995：78-79.
② 马克思，恩格斯．马克思恩格斯全集：第 34 卷［M］．北京：人民出版社，1995：163.
③ 马克思，恩格斯．马克思恩格斯全集：第 3 卷［M］．北京：人民出版社，1995：24.

决于生产。不仅如此，马克思主义认为生产具有全面性即生活生产、生命生产、精神生产的综合性生产。全面生产理论意味着生产所满足的民生需求一定是多样性和总体性的。

1.“人的需要”与“全面生产”的逻辑关联

在历史唯物主义的视野中，生产和民生需要同属于一个序列的范畴。民生的保障和改善的需要无法脱离生产而获得满足。历史唯物主义认为生产就是为了满足人的需要而进行人的本质活动。简言之，生产就是“满足需要的活动”。本研究认为，与中国传统文化中把生产过度或者片面化强调为农业生产，以及西方传统将生产形而上学地视为精神生产不同，历史唯物主义指出，“动物的生产是片面的，而人的生产是全面的”①。在此，马克思利用生产的全面性区别人与动物的活动，这和他从需要的多样性、广泛性区别与动物的需要具有逻辑理路上的一致性。历史唯物主义的“全面生产”理论以生产为主要研究对象，探讨人类社会生产的本质和规律。人的需要的层级性特征决定了生产这个满足需要的主体方式绝非是单一性的生产，而是复合性的即“全面生产”。简言之，对需求的多样性的调节构成了生产的全面性。也就是说，人的生存与发展的需求和人的生存与发展的生产具有内在同构性。需求引发生产，生产从属于需求，但生产确是一个比需求更具体和直接现实性的范畴，因为需求是需要生产进行物化的。

2.“生活生产”“生命生产”和“精神生产”

历史唯物主义认为，“生活生产”“生命生产”和“精神生产”共同构筑起了“全面生产”理论。也就是说，根据历史唯物主义的诠释，“全面生产”理论可以概括为“生活生产”“生命生产”和“精神生产”三大基本生产领域。马克思，恩格斯对于生产的描述和论证皆没有脱离这三大领域。

---

① 马克思，恩格斯．马克思恩格斯全集：第42卷［M］．北京：人民出版社，1979：96-97.

（1）“生活生产”

“生活生产”就是人们能够创造历史的前提——保障吃喝住用的物质资料生产。“人们单是为了能够生活就必须每日每时去完成它，现在和几千年前都是这样。”[①]根据马克思，恩格斯在《德意志意识形态》中的论述，在此所指的“生活”是作为动词进行理解的。通俗地讲，就是民生中最基本层次“生存”和“活着”或者就理解为“存活”。所以基于此“生活”生产的实质就是人们的为了获得物质生活资料而进行的、具体的变革和改造自然的现实而直接的活动。“生活”生产构成了人类与社会生存与发展的原始基础即“满足吃喝住穿”的生产。有了它，人便可以源源不断地创造出巨大的物质财富，为享受和发展需要的满足奠基坚实的物质基础。所以，“生活”生产在此就等同于物质资料生产。恰恰是这样一种持续的为生活而进行的获得物质资料的基本实践活动，使人从动物界中获得升华，“一当人开始生产自己的生活资料的时候，这一步是由他们的肉体组织所决定的，人本身就把自己和动物区别开来。人们生产自己的生活资料，同时间接地生产着自己的物质生活本身”[②]。与此同时，这个活动为人类的生存与发展创建了一个演进的原点。如恩格斯所言：“人们首先必须吃、喝、住、穿，然后才能从事政治、科学、艺术、宗教等等；所以，直接的物质的生活资料的生产，因而一个民族或一个时代的一定的经济发展阶段，便构成为基础，人们的国家制度、法的观点、艺术以至宗教观念，就是从这个基础上发展起来的。”[③]人的生存与发展的实践活动以及在此基础上所产生的民生观念自然源于此。

（2）“生命生产”

“生命生产”的概念也是在《德意志意识形态》中提出的。马克思，恩格斯在《德意志意识形态》中这样说道：“生命生产，无论是通过劳

① 马克思，恩格斯．选集：第1卷［M］．北京：人民出版社，1995：79.
② 马克思，恩格斯．选集：第1卷［M］．北京：人民出版社，1995：67.
③ 马克思，恩格斯．马克思恩格斯选集：第3卷［M］．北京：人民出版社，1995：776.

动而达到的自己生命的生产，或是通过生育而达到的他人生命的生产，就立即表现为双重关系：一方面是自然关系，另一方面是社会关系。”① 由此可见，在此马克思，恩格斯把“生命生产”分为两层关系及两大生产活动，其一，“自然关系”即人口的生产，孕育出具有血肉之躯的自然的人，从而形成并储备了改造自然的物质活动的不可或缺的物质力量。所以，由此决定了“生命生产”同时是“社会关系”即社会关系的生产。人在生产过程中“创造、生产人的社会关系、社会本质”。这些社会关系外化表现为思想关系、政治关系、法律关系、道德关系等。

（3）“精神生产”

历史唯物主义认为精神生产依然无法脱离物质活动。“思想、观念、意识的生产最初是直接与人们的物质活动，与人们的物质交往，与现实生活的语言交织在一起的。观念、思维、人们的精神交往在这里还是人们物质关系的直接产物。表现在某一民族的政治、法律、道德、宗教、形而上学等的语言中的精神生产也是这样。”② 在此，马克思明确提出了“精神生产”的概念。根据他的表述，“精神生产”就是思想、观念、意识等非物质领域，哲学、宗教、道德、艺术等意识形态上层建筑的生产。马克思在《哲学的贫困》中进一步提出，“人们按照自己的物质生产的发展建立相应的社会关系，正是这些人又按照自己的社会关系创造了相应的原理、观念和范畴”③。所以，精神的产生一开始就是人的物质生产和社会关系的理念的反响，体现了三者的统一性。

综上可以看出，历史唯物主义的生产观念以及其所决定的民生观念并非一个纯粹的自然与物质的范畴，而是一个既关照自然、物质而又反映社会和精神的有机关联系统。民生观念范畴首先以物质关系作为基础和前提条件，它不论何时皆首要处理人存在与发展的物质关系。这个

---

① 马克思，恩格斯．马克思恩格斯选集：第 1 卷［M］．北京：人民出版社，1995：80.

② 马克思，恩格斯．马克思恩格斯选集：第 1 卷［M］．北京：人民出版社，1995：30.

③ 马克思，恩格斯．马克思恩格斯全集：第 4 卷［M］．北京：人民出版社，1995：144.

关系规定、支配着社会关系和精神的生产的性质、趋势。不过，社会关系生产和精神生产对于物质关系而言具有显著的反作用，即引导、协调以及帮助人们对于人的生存与发展规律的认知。“全面生产”为中国特色社会主义民生观念中“五位一体”的内涵样态——这个指导中国民生保障尤其是满足民生诉求价值准则的转型升级提供了机制理念的强力支撑。

## 二、民生观念建构转型的基本规律

民生观念建构转型的基本规律，就是指民生观念在现代性过程中，基于民生实践活动之上，必须遵循的、反映民生形态、结构、功能和运作机制等本质的、必然的、稳定的法则和客观要求。社会主义民生型现代性的构建是历史与逻辑相结合的产物，坚持科学性、价值性与建构性相统一的基本原则，体现了对人的生活境况的深切关注，并始终以解决人的生存和发展问题为滥觞和依归。中国现代性以来的社会主义民生观念的建构、转型与升级是一个合目的性与规律性的运动过程。这个过程不论是从转型的结构还是转型的机理上看，皆反映了民生观念转型的广度、深度以及与时代的契合度。这种直面民生实践的气质使民生观念重建的过程中呈现时间维度上继起的建构规律、空间维度上重叠的建构规律和社会维度上社会历史制约性建构规律。三大建构规律所展现的建构秩序表现在三者之间的相互衔接、相互配合、相互支援、相互推动的协调性上。

### （一）时间维度上继起的建构规律

中国现代性建构进程中民生观转型与升级表现出极强的时间维度上继起的规律性，这种规律是在具体的民生实践活动中生成的。基于后发现代国家的民生实践规律来看，现代化之初的民生建设一般侧重于关注经济物质层面，而当经济达到足以满足人的基本民生诉求后，民生建设的目标就会转向注重民生质量的提升。这种现象如果从历史唯物主义的视角进行审视即可获得时间维度上继起的建构规律性。

历史唯物主义认为，民生需求存在三个层次——生存需要、享受需要、发展需要。其中生存需要是最基本层次的需要，这是“一切人类生存的第一个前提。也就是一切历史的第一个前提，这个前提就是，人们为了能够‘创造历史’，必须能够生活”[①]。不过需求与新的需求之间是相互衔接的，即“已经得到满足的第一个需要本身、满足需要的活动和已经获得的为满足需要而用的工具又引起新的需要，而这种新的需要的产生是第一个历史活动”[②]。需要一旦被满足即会否定自身，在此基础上它与满足工具随即碰撞出新的需要，先前的需求得到满足之后，在此种满足基础上进行创生，这实际上就形成了一个需求——满足——需求的循环公式，在此“因果”联系的链条之中，“满足”似乎扮演了一个更为重要的角色，满足在此不仅仅是需求的结束，而是更高层级需求的肇始，满足似乎在不断地制造着需求的变化。显而易见，在这个循环公式中，需求和满足之间形成了时间或者结构的继起性规律。正是这样一种需求与满足之间的矛盾运动持续不断地建构起了民生观念内涵和形态，形成了推动民生观念建构的源泉动力。也就是说，民生诉求一旦创造出第一个前提，它就会把这个前提吸纳为自身的重要组成部分，从而使民生诉求有了一个崭新的发展起点。人的需求开放性的社会性遗传方式表明，人的生存问题即物质生活需要得到满足之后，在此基础上民生新诉求即政治民生、文化民生、社会民生、生态民生相继被建构为民生观念的重要内涵。而这个建构性的过程则是通过意向性、能动性和创造性的“超动物性生存”的民生需求而得以确立。

时间上继起性规律的形成乃是基于民生活动在社会历史进程中的展开，也就是说，民生的时间上的继起性意味着，人生存与发展一定存

① 马克思，恩格斯．马克思恩格斯选集：第 1 卷［M］．北京：人民出版社，1995：79.
② 马克思，恩格斯．马克思恩格斯选集：第 1 卷［M］．北京：人民出版社，1995：79.

有一个预成的节点，它有可能是时间的节点，也有可能是结构上的节点，也就是马克思所指认的“真正的出发点”。它们一旦形成随即转化为既定性的前提，这个前提对于下一个民生诉求的内涵、形态发挥着支配作用，决定着民生活动的层级和演进的基本导向。如马克思所言，“对于人类生活形式的思索，从而对它的科学分析，总是采取同实际发展相反的道路。这种思索是从事后开始的，就是说，是从发展过程的完成结果开始的”[①]。时间上的继起性规律告诉我们，民生诉求与满足工程建设是一个由低到高层层推进的过程。首要的和最基础的层次就是满足人的生存的基本需求，即所谓的“保障民生”。在此基础上，才有条件进行提升人们生存、生活质量的民生改善工作，即“改善民生”。由此可见，民生是一个具有极强解释张力的观念，展示出较强劲的发展韧性。

### （二）空间维度上重叠的建构规律

从经济民生到政治民生、文化民生、社会民生和生态民生，时间上的继起性虽然使得民生观念显示其是一个动态的建构性过程，但并不能简单地认为后者是对前者的替代或是前者的消亡，而应该认作是马克思所强调的能够创造历史和生活的前提。也就是说，不管是经济民生、政治民生、文化民生、社会民生还是生态民生，它们是纵横交错的共同体，这又在空间维度上彰显出民生是一个具有极强解释张力的观念，不过是民生观念不同层级内涵的发散与扩展，亦或对民生观认识的深化而已。由此可论，五种民生观念内涵形态实则属于一体五形。正如马克思在论述社会历史的发展中的“合力”时所分析的：“历史是这样创造的：最终的结果总是从许多单个的意志的相互冲突中产生出来的，而其中每一个意志，又是由于许多特殊的生活条件，才成为它所成为的那样。这样就有无数互相交错的力量，有无数个力的平行四边形，由此就产生出

① 马克思，恩格斯．马克思恩格斯全集：第 23 卷［M］．北京：人民出版社，1972：92.

一个合力，即历史结果，而这个结果又可以看作一个作为整体的、不自觉地和不自主地起着作用的力量的产物……每个意志都对合力有所贡献，因而是包括在这个合力里面的。”[①] 由此可知，经济民生、政治民生、文化民生、社会民生和生态民生的关系如同“每一意志”都对“合力”有所贡献一样，五个层级之间的任何一体是构成民生观念的不同层次与结构，这些结构具有独特性，自成系统，发挥着不可替代的功能。但彼此之间又互为系统，相互联系、相互渗透、相互作用，重叠存在。经济民生是基础，因为它是人们必须不间断地完成的人生存与发展的“一切历史的一种基本条件”[②]，“追求幸福的欲望……绝大部分要靠物质手段来实现”[③]。发展经济是保障改善民生的基石，因为经济发展的成果表现为物质财富的累积，有了物质财富的积累才使得保障和改善民生具备了物质条件和物质工具。也就是说，先要有蛋糕才能分蛋糕，蛋糕做得越大，才能分享得越多。因此，发展经济成了民生建设的首要价值和内容。但是民生建设绝非经济这个唯一维度，经济惠及民生作用的发挥无法脱离政治、文化、社会、生态等有机体内部的各要素而独立发挥。政治民生是保障，也就是说，人们对政治权益的需求是基于人的生存权与发展权，即生活和人格特性的发展、才华能力的施展皆需要政权力量进行制度上、机制上的保障。经济所提供的物质财富并不自然实现对民生的惠及，尤其体现在分配的公平维度上，所以，就需要政治力量进行协调配置，从而实现人民民主等各项权利在民生实践中得到彰显。而政治理念、政治行为和政治活动等也必然围绕民生展开。文化民生具有精神引领的作用。文化本质上是体现人本质的特殊现象。文化由人创造，但反过来文化却又行使着塑造人的社会功能，构成人生存与发展的内在动力。社会民生创设社会环境，缓解乃至解决社会建设中的群体性和阶层

① 马克思，恩格斯．马克思恩格斯选集：第4卷［M］．北京：人民出版社，1995：697.
② 马克思，恩格斯．马克思恩格斯选集：第1卷［M］．北京：人民出版社，1995：79.
③ 马克思，恩格斯．马克思恩格斯选集：第4卷［M］．北京：人民出版社，1995：239.

性的以“公平正义”为焦点的内部紧张。生态民生提供环境支撑。通过创造和实现环境正义，实现生态民生与经济民生、政治民生、文化民生、社会民生的耦合。因此，在具体的民生实践中需要正确认识和处理重点突破与统筹兼顾的关系，使民生观念和民生建设实践形神俱佳，相得益彰。基于以上论证可知，民生观念具有总体性特征，它是以经济必然性为基础的政治、文化、社会、生态等民生需求要素交相呼应，从而构成民生观念空间维度上重叠建构的内在规定性。

### （三）社会维度上社会历史制约性建构规律

历史唯物主义的建构旨归，以现实的人的生存及其条件为出发点和价值取向。它不但关注人的现实生存，而且更加注重对于人的生存活动的社会历史境遇境域，如马克思所言，“任何历史记载都应当从这些自然基础以及它们在历史进程中由于人们的活动而发生的变更出发”[①]。民生观念的社会历史性指民生观是历史发展的产物，它的萌发、生成、转进、异化、归真等进程始终无法脱离社会历史条件的影响和制约。

首先，现代性进程中的民生观念的形成并非一蹴而就，而是在中国现代性建构中逐步“融合”的历史进程，表现出生长的周期性。自民生主义明确现代民生价值和民生建构目标以来，民生观念在中国现代性道路上的演进虽然是持续的、建构性的，但是它不断地被时代境遇条件变革着其内涵和形态乃至价值。在新中国成立之前民生观念被赋予了更多的工具价值，其内涵被“民族民主革命”的主题所充斥。新中国成立后，“生产”的主题内涵和价值得以体现，但很快地又被“革命”重新取代，继而在改革开放后再次实现了内涵与价值的“归位”，直至不断矫正为“五位一体”的观念样态。如从民生实践的角度审视，中国现代性进程中的民生问题，自从 20 世纪初获得民生主义的明确规定后，直

① 马克思，恩格斯 . 马克思恩格斯选集：第 1 卷［M］. 北京：人民出版社，1995：67.

到21世纪初我国宣布进入小康社会之后，物质层面即人的生存温饱的民生问题才获得普遍意义上的保障。也就是说，仅解决全面民生温饱问题，在中国现代性进程中就持续了近百年的时间。这个过程还会随着民生问题转向生活质量提升的层次而持续延展。由此可见，现代科学民生观念的形成是一个历经概念提出——主题偏重——轴心回归——逻辑异化——回归本真的不同阶段，呈现曲折上升的基本状态和过程。

其次，虽然民生观念的演进呈现由低到高螺旋前进的过程，历史的制约支配了民生观念的生长趋势和方向，但这并不意味着其发展程序的均质化。也就是说，现代性进程中民生观念的发展轨迹并不是事先预设的，而是在具体社会历史条件与环境下的民生实践中开辟的，随着民生诉求的逐步展开，与之相应要求的民生观念也会逐步得以显现。民生诉求将在民生观的指引下步入民生所固有的建设轨道中。在20世纪初叶，源自于当时的民生凋敝、民不聊生的社会现实，由此孙中山提出使民众平均受益的富足即民生主义理念。新民主主义革命进程中，中国共产党一方面在根据地、解放区实践着民生主义，另一方面侧重于民生的革命工具价值和功能，让民生服务于争取民族独立和人民解放的民族民主革命。社会主义革命和建设时期，以“生产”保民生、促民生逻辑的形成使得民生观念的建构回归到了关注人民直接的生存与发展的轨道上来。但是历史的运转往往造就出多种选择，有正确的选择也有不符合社会规律的选择和认知。社会主义革命和建设时期，我们对于民生演化规律与特点的认知上出现了偏差，20世纪50年代末期，随着“革命”逻辑的复归，“生产”逻辑被“抓革命，促生产”所整合。此时民生的物质保障已经难以获得，质言之，民生的物质前提已经由生产保障转化成了“革命”保障，民生观念出现异化现象，制约了民生观念的建构内涵与方向。导致的最终结果就是民生建设的停滞。严重的民生问题直接引发了改革开放政策的形成和实施。改革开放以来，中国现代性进入了一个崭新的建构阶段，民生价值实现了与中国特色社会主义理论、制度、道路乃至文化价值的整合。曾经被异化为“抓革命、促生产”逻辑的民生观念在中国特色社会主义现代性建构进程中逐步被纠正为由经济民生转向经济民生、政治民生、文化民生、社会民生、生态民生组合而成的“五位一体”的民生观念。“五位一体”的社会主义民生观念的形成来自于人民对经济、政治、文化、社会、生态的新期待和新需求以及中国共产党在建构中国特色社会主义现代性进程中对民生实践的特点与民生历史方位的充分把握。在已有的民生观念基础上探索一条与中国特色社会主义现代性气质以及人民对民生的新期许相符合的建构逻辑。

第三，现代性进程中的民生观念并不是单向度、直线式的演进。经济民生、政治民生、文化民生、社会民生和生态民生根据不同的社会历史特点，展现不同的形式与内涵。民生主义虽然关照到了民生的层级性，但孙中山更多地是在强调“土地”“资本”等物质层面的民生保障问题；新民主主义革命时期的民生同样强调“吃饭”问题，但是此时的“吃饭”更多地呈现出保障革命斗争的工具价值；社会主义革命和建设时期民生观念依然强调物质层面的保障价值即重视工农业生产，但是此时民生观念已经具有了政治、文化等领域的民生逻辑，只不过此时这些民生逻辑在国民经济亟须待得到恢复和发展的历史境遇中，相对发展生产保障民生而言，显得并不突出。而且政治、文化民生观念逐步被异化为工农生产的保障和前提。改革开放以来的民生观念首要的价值就是经济民生，即通过发展经济保障民生，但是同时注意了政治和精神文化的需求与建设。但是，现实的民生建设实践之中，往往陷入“唯经济增长论”，即把经济增长作为衡量民生建设乃至国家发展水平标尺的建构误区，忽视了经济、政治、文化的平衡，尤其是社会系统和生态系统在对民生保障和改善中的价值认知存有偏差。中共十八大以后，这种误区才从根本上得到纠偏。民生观念在此展现出的是统一性前提下的多样态。

不论是经济民生抑或政治民生、文化民生、社会民生和生态民生，它们不单单是对中国现代性进程中民生实践的经验总结，更是对这个进程之中民生诉求的积极回应。中国现代性进程中，民生观的致思取向与研究主题，与每一发展阶段的民众生存与发展的诉求完全契合，此种契合既有历史的映照，又直面民生现实，体现了对民众生活境况的深切关怀，并始终以解决民众的生存和发展问题为滥觞和依归，形成了建立在具体民生实践中的历史与逻辑相结合的科学的社会主义民生观。民生观的社会历史性特征表明，民生建设是一个合目的性与规律性的运动过程。从时代规定和社会历史方位上考察民生观的普遍性和特殊性，是自觉把握中国社会主义民生观念变迁发展的社会历史根源和基本趋势的核心维度。

# 结 论

英国历史哲学家R.G.柯林武德说，“历史知识沉淀于特定观念”。观念如同理论的“DNA”和“RNA”，承载着思想的演进进程中的遗传信息。观念的形成究其本源来自于时代的要求，不同的时代有其不同的观念，同一种观念在不同的时代境遇中的内涵、形态和价值也会随之发生各种形式的变化。观念所要表达的意旨主题目标与时代高度契合，乃是观念形态是否具有时代性的核心尺度。“民生”观念作为中国现代性建构的“DNA”和“RNA”之一，研究其演变轨迹与规律及其所遵循的价值准则与价值目标，不但可以揭示中国社会主义现代性建构进程中社会思想发展的轨迹，而且可为认知中国民生问题、制定合理的社会政策、建构有效的民生治理模式提供更为明确的价值与实践导向。

中国现代性时域中的民生观念究竟具备哪些标识性的显征，这是本书探讨的核心要旨。本论题以现代民生观念演变轨迹为“基线”，以民生主体从事并推进民生实践，民生实践生成民生文明，沉淀民生价值，民生文明与价值重新作用于民生主体的逻辑演进范式，深层级逻辑验证和历史清理了现代性进程中民生观念的地位、内涵、形态、价值以及建构机理与规律。探讨了民生观念吸收了何种新鲜元素而转化为具有现代气质的话语系统。

首先经过和西方现代性基本价值的比对论证了中国现代性的“民

生元命题”的合法性。西方现代性的建构基石是个人观念和权利观念的确立和张扬，而中国现代性建构的“迫使性”使得其“元叙事”表现为追求民族自性和民生诉求。当中国现代性构建的这个“民生元叙事”把中国传统文化与马克思主义勾连在一起时，两者之间迅速觅得了历史与价值契合性，并最终形成了中国在现代性构建进程中逻辑主题。这是中国特定的文化特质和历史语境所造就的并区别于西方现代性构建的“多元现代性”的独特表现形式。

其次，本研究提出并论证了现代科学民生观念的建构秩序，即历经概念提出——主题偏重——轴心回归——逻辑异化——归化本真的不同阶段，并对象化为“民生主义”逻辑、“民族民主革命”逻辑、“生产”逻辑、“革命——生产”逻辑，终而形成由经济、政治、文化、社会、生态组成的“五位一体”整体民生观念。

第三，本研究还就中国现代性时域中社会主义民生观念的未来建构逻辑理路进行了审视。主要阐释了中国现代社会组织蓝图中的民生观念，从健康、休闲等内涵方面，从生存型到发展型、政府主导到共建共享的形态层面，从社会主义主流意识形态等功能层面论述其继续得以重构的趋势。最后，论证了现代民生观念的建构致思进路的机理和规律。即民生观念的转型进路受到了现代性反思性和多向度特性以及历史唯物主义中的“需要”理论、“全面生产”理论形塑、组建和规范。现代性和历史唯物主义之间良性互动，共同引领了民生观念的时代定位和未来规划。而具有相互衔接、相互配合、相互支援、相互推动等协调进步气质的时间维度上继起的建构规律、空间维度上重叠的建构规律和社会维度上社会历史制约性建构规律，构成了民生观念在现代性过程中，基于民生实践活动之上，必须遵循的、反映民生形态、结构、功能和运作机制等本质的、必然的、稳定的法则和客观要求。这就意味着民生观念的建构活动，是一个合目的性与规律性的运动进程。

在研究过程中，既基于前人研究的成果基础上，又尝试获得一个较为新鲜的视角对现代民生观念进行发掘论证。试图概括出民生观念的现代形态与当代价值以及建构机理和建构规律。不过，囿于作者的研究能力和研究视野，以及民生学说的整体性即它是一个关涉经济学、社会学政治学、伦理学的系统学科领域，使得本研究存在一定的不足之处。其一，论证的完整性不足，比如，在传统民生观念和现代民生观念的转化方面稍显生涩；其二，论证的厚度不足，过多侧重解释性、理论化的研究，理论在转化、指导民生实践上能够发挥多少作用和价值似乎显得底气不足；其三，微观论证层次上需要加强，如在不同的历史时期内所形成的具体民生治理模式上论述较少。

对于民生观念的研究仅仅是初始发掘，民生的特性是历久弥新，因此，对它的研究永无止境。接下来，对于此领域的研究将围绕西方与中国民生观念的比对、西方民生治理模式与经验、中国特色民生政策和民生治理模式的建构等方面进行探讨和阐释。

# 参考文献

## 一、中文著作

［1］马克思，恩格斯．马克思恩格斯选集（第1–4卷）［M］．北京：人民出版社，1995.

［2］马克思，恩格斯．马克思恩格斯全集（第1卷）［M］．北京：人民出版社，1956.

［3］马克思，恩格斯．马克思恩格斯全集（第3卷）［M］．北京：人民出版社，1960.

［4］马克思，恩格斯．马克思恩格斯全集（第2卷）［M］．北京：人民出版社，1957.

［5］马克思，恩格斯．马克思恩格斯全集（第12卷）［M］．北京：人民出版社，1962.

［6］马克思，恩格斯．马克思恩格斯全集（第20卷）［M］．北京：人民出版社，1971.

［7］马克思，恩格斯．马克思恩格斯全集（第23卷）［M］．北京：人民出版社，1975.

［8］马克思，恩格斯．马克思恩格斯全集（第26卷）第3分册［M］．北京：人民出版社，1974.

［9］马克思，恩格斯．马克思恩格斯全集（第34卷）［M］．北京：人民出版社，1995.

［10］马克思，恩格斯．马克思恩格斯全集（第35卷）［M］．北京：人民出版社，1972.

［11］马克思，恩格斯．马克思恩格斯全集（第42卷）［M］．北京：人民出版社，1979.

［12］马克思，恩格斯．马克思恩格斯全集（第46卷）上［M］．人民出版社，1979.

［13］马克思，恩格斯．马克思恩格斯全集（第46卷）下［M］．北京：人民出版社，1980.

［14］马克思，恩格斯．马克思恩格斯文集（第1-3卷）［M］．北京：人民出版社，2009.

［15］马克思．资本论（第1卷）［M］．北京：人民出版社，1975：579.

［16］马克思．资本论（第3卷）［M］．北京：人民出版社，1975：927.

［17］马克思．1844年经济学哲学手稿［M］．北京：人民出版社，2002.

［18］列宁．列宁选集（第2卷）［M］．北京：人民出版社，1972.

［19］列宁．列宁选集（第4卷）［M］．北京：人民出版社，1995.

［20］列宁．列宁全集（第21卷）［M］．北京：人民出版社，1990.

［21］孙中山．孙中山选集［M］．北京：人民出版社，1981.

［22］孙中山．孙中山全集（第1卷）［M］．北京：中华书局，1981.

［23］孙中山．孙中山全集（第2卷）［M］．北京：中华书局，1982.

［24］孙中山．孙中山全集（第5卷）［M］．北京：中华书局，

1985.

[25] 孙中山 . 孙中山全集（第 6 卷）[M]. 北京：中华书局，1985.

[26] 孙中山 . 孙中山全集（第 9 卷）[M]. 北京：中华书局，1986.

[27] 孙中山 . 孙中山全集（第 10 卷）[M]. 北京：中华书局，1986.

[28] 李大钊 . 李大钊文集（下册）[M]. 北京：人民出版社，1984.

[29] 毛泽东 . 毛泽东选集（第 1–4 卷）[M]. 北京：人民出版社，1991.

[30] 毛泽东 . 毛泽东文集（第 1 卷）[M]. 北京：人民出版社，1993.

[31] 毛泽东 . 毛泽东文集（第 2 卷）[M]. 北京：人民出版社，1993.

[32] 毛泽东 . 毛泽东文集（第 5 卷）[M]. 北京：人民出版社，1996.

[33] 毛泽东 . 毛泽东文集（第 6 卷）[M]. 北京：人民出版社，1999.

[34] 毛泽东 . 毛泽东文集（第 7 卷）[M]. 北京：人民出版社，1999.

[35] 毛泽东 . 毛泽东文集（第 8 卷）[M]. 北京：人民出版社，1999.

[36] 中共中央文献研究室 . 建国以来毛泽东文稿（第 7 册）[M]. 北京：中央文献出版社，1992.

[37] 邓小平 . 邓小平文选（第 2 卷）[M]. 北京：人民出版社，1994.

［38］邓小平．邓小平文选（第 3 卷）［M］．北京：人民出版社，1993.

［39］中共中央文献研究室．邓小平年谱（1975–1997）：上［M］．北京：中央文献出版社，2004.

［40］江泽民．江泽民文选（第 1–3 卷）［M］．北京：人民出版社，2006.

［41］胡锦涛．高举中国特色社会主义伟大旗帜，为夺取全面建设小康社会新胜利而奋斗［M］．北京：人民出版社，2007.

［42］中共中央文献研究室．建国以来重要文献选编（第 1 册）［C］．北京：中央文献出版社，1993.

［43］中共中央文献研究室．建国以来重要文献选编（第 5 册）［M］．北京：中央文献出版社，1993.

［44］中共中央文献研究室．建国以来重要文献选编（第 20 册）［M］．北京：中央文献出版社，1993.

［45］中共中央文献研究室．十五大以来重要文献选编（6）上［M］．北京：人民出版社，2000.

［46］中央文献研究室编．十六大以来重要文献选编（上）［C］．北京：中央文献出版社，2005.

［47］中共中央文献研究室．十六大以来重要文献选编（下）［M］．北京：中央文献出版社，2007.

［48］中国人民解放军党史党建政工教研室．"文化大革命"研究资料（中册）［C］．北京：国防大学出版社，1988.

［49］梁启超．梁启超全集（第 3–4 卷）［M］，北京：北京出版社，1999.

［50］鲁迅．鲁迅全集（第 1 卷）［M］．北京：人民文学出版社，1981.

［51］梁漱溟．中国文化要义［M］．上海：学林出版社，1987.

[52] 任建树. 陈独秀著作选（第2卷）[M]. 上海：上海人民出版社，1993.

[53] 周辅成. 西方伦理学名著选辑（上卷）[M]. 北京：商务印书馆，1987：105.

[54] 欧阳哲生. 胡适文集（第2册）[M]. 北京：北京大学出版社，1998.

[55] 牟宗三. 历史哲学 [M]. 长春：吉林出版集团有限公司，2010.

[56] 周积明，郭莹. 震荡与冲突 [M]. 北京：商务印书馆，2003.

[57] 陈赟. 困境中的中国现代性意识 [M]. 上海：华东师范大学出版社，2005.

[58] 张传有. 西方社会思想的历史进程 [M]. 武汉：武汉大学出版社，2005

[59] 邹千江. 冲突与转化：中国社会价值的现代性转变 [M]. 北京：中国传媒大学出版社，2008.

[60] 秦晓. 当代中国问题：现代性还是现代化 [M]. 北京：社会科学文献出版社，2009.

[61] 金观涛，刘青峰. 观念史研究：中国现代重要政治术语的形成 [M]. 北京：法律出版社，2009.

[62] 贺照田. 西方现代性的曲折与展开 [M]. 长春：吉林人民出版社，2002.

[63] 吴忠民. 走向公正的中国社会 [M]. 济南：山东人民出版社 2008.

[64] 孙学玉. 当代中国民生问题研究 [M]. 北京：人民出版社，2010.

[65] 高惠珠. 历史唯物主义当代形态科学发展观的深度研究 [M]. 上海：人民出版社，2010.

［66］董四代．民生主义与中国特色社会主义［M］．北京：中央编译出版社，2011.

［67］杨耕．危机中的重建：唯物主义历史观的现代阐释［M］．武汉：武汉大学出版社，2011.

## 二、译文著作

［1］康德．判断力批判（下卷）［M］．韦卓民，译．北京：商务印书馆，1964.

［2］弗里德曼．自由选择［M］．胡骑，席学媛，安强，译．北京：商务印书馆，1982.

［3］阿列克斯·英克尔斯．人的现代化［M］．殷陆君，编译．成都：四川人民出版社，1985.

［4］弗朗索瓦·佩鲁．新发展观［M］．张宁，丰子义，译．北京：华夏出版社，1987.

［5］弗洛姆．为自己的人［M］．孙依依，译．北京：生活·读书·新知三联书店，1988.

［6］福柯．什么是启蒙［C］// 汪晖，陈燕谷，译．文化与公共性．北京：生活·读书·新知三联书店，1998.

［7］冈纳．缪尔达尔．世界贫困的挑战——世界反贫困大纲［M］．顾朝阳，张海红，高晓宇，等译．北京：北京经济学院出版，1991.

［8］托达罗．第三世界经济发展［M］．印金强，等译．北京：中国经济出版社，1992.

［9］洛克．政府论（下）［M］．叶启芳，瞿菊农，译．北京：商务印书馆 .1997.

［10］亚里士多德．尼各马科伦理学［M］．苗力田，译．北京：中国社会科学出版社，1999.

［11］马克斯·舍勒，资本主义的未来［M］．罗悌伦，译．北京：

生活·读书·新知三联书店，1999.

[12] 吉登斯.现代性的后果[M].田禾，译.南京：译林出版社，2000：1.

[13] 安东尼·吉登斯.第三条道路：社会民主主义的复兴[M].郑戈，译. 北京：北京大学出版社，2000.

[14] 安东尼·吉登斯，克里斯多弗·皮尔森.现代性：吉登斯访谈录[M].尹宏毅.北京.新华出版社，2001.

[15] 查尔斯·泰勒. 现代性之隐忧[M].程炼，译. 北京：中央编译出版社，2001.

[16] 大须贺明.生存权论[M].林浩，译.北京：法律出版社，2001.

[17] 三浦隆.实践宪法学[M].李力，白云海，译.北京：中国人民公安大学出版社，2002.

[18] 滕尼斯.共同体与社会[M].林荣远，译. 北京：商务印书馆，1999.

[19] 费希特.自然法权基础[M].谢地坤，程志民，译.北京：商务印书馆，2004.

[20] 莫里斯·迈斯纳.马克思主义、毛泽东主义与乌托邦主义[M].张宁，译，北京：中国人民大学出版社，2005.

[21] 丹尼尔·贝尔.意识形态的终结[M].张国清，译.南京：江苏人民出版社，2001.

[22] 克拉莫尼克，华特金斯.意识形态的时代：近代政治思想简史[M].章必功，译，上海：同济大学出版社，2006.

[23] [俄]多博林科夫等.社会学[M].张树华，冯育民，杜艳钧，译.北京：社会科学文献出版社，2006.

[24] 沟口雄三.作为方法的中国[M].孙军悦，译.北京：生活·读书·新知三联书店，2011.

## 三、期刊类

[1] 李佑新. 现代性问题与中国现代性的建构 [J]. 北京大学学报（哲学社会科学版），2005（03）.

[2] 漆思. 现代性的主体主义理念批判 [J]. 江西社会科学，2006（6）.

[3] 李世涛. 现代性的多元之维：艾森斯塔特的“多元现代性”观念及其对中国的启发 [J]. 厦门大学学报（哲学社会科学版），2007（2）.

[4] 罗建文，王霞. 中国特色的民生伦理论纲 [J]. 重庆大学学报（社会科学版），2008（1）.

[5] 邓伟志，卜佳慧. 民生论 [J]. 上海大学学报（社会科学版），2008（4）.

[6] 李亚彬. 论民生对于中国特色社会主义的意义 [J]. 马克思主义研究，2008（7）.

[7] 窦孟朔，苏献启，范拥军，等. 论中国特色社会主义民生观 [J]. 河北师范大学学报（哲学社会科学版），2009（1）.

[8] 潘玲霞. 中国特色社会主义民生思想探析 [J]. 武汉理工大学学报（社会科学版），2009（3）.

[9] 窦孟朔. 树立和践行中国特色社会主义民生观 [J]. 科学社会主义，2009（4）

[10] 臧乃康. 民生思想与社会主义思潮及其在中国的发展 [J]. 南通大学学报（社会科学版），2009（4）.

[11] 庞超. 生存型 · 发展型 · 和谐型：中国特色社会主义民生思想的形成、创新与完善 [J]. 求实，2010（1）.

[12] 瞿晓琳. 中国特色社会主义民生思想的世界视角 [J]. 党史文苑，2010（12）.

[13] 冯振萍. 改善民生：科学发展观的价值诉求 [J]. 广西社会

科学，2010（7）.

［14］张弥．论中国特色社会主义民生理论的初步形成［J］．中国特色社会主义研究，2009（6）.

［15］钱伟．论中国特色社会主义民生观的价值取向［J］．理论前沿，2009（15）：28.

［16］柳礼泉，黄艳，丁蕾．我国民生问题的结构层面与关涉内容析论［J］．岭南学刊，2010（1）.

［17］赵中源，梅园．回顾与反思：理论界关于民生问题若干问题的研究［J］．当代世界社会主义，2010（4）.

［18］杨娜．中国共产党民生建设的进程、经验及启示［J］．广西社会科学，2011（12）.

［19］周秀菊．当代中国现代性建构视域中的科学发展观，理论界，2011（1）.

［20］刘良军．论中共九十年来的“民生观”［J］．中共云南省委党校学报，2011（3）.

［21］卢继元．中国特色社会主义视域中的民生问题与改善［J］．理论学刊，2012（1）.

［20］何中华．中国文化与现代性在相互参照中的建构［J］．学习论坛，2011（3）.

［21］苏志宏，崔克锐．民主是一个历史的具体的概念：关于中国特色社会主义民主观的思考，江苏社会科学，2011（4）.

［22］徐士元．中国改革开放30年民生观的演进［J］．浙江海洋学院学报（人文科学版），2011（5）.

［23］刘鑫淼．论中国特色社会主义的民生旨趣［J］．学术论坛，2011（5）.

［24］林祖华．论民生的内涵和特点［J］．理论与改革，2012（3）.

［25］瞿晓琳．抗日战争时期毛泽东的民生思想述论［J］．毛泽东

思想研究，2010（2）.

[26] 郗戈 . 现代生产：历史唯物主义视野中的现代性根源 [J]. 学习与探索，2012（1）.

[27] 王慧，宋进 . 论构建以民生为生长点的社会主义意识形态 [J]. 东岳论丛，2011（7）.

[28] 郑大华 . 论“民生主义”的内容及其当代意义 [J]. 学术研究，2009（7）.

[29] 张梦涛 .“包容性增长：科学内涵、时代价值与实践取向”[J]. 理论探索，2011（1）.

[30] 柳礼泉，张红明 . 民生政治视野中的党的执政伦理建设 [J]. 求实，2009（3）.

[31] 骆郁廷 .“精神动力”范畴分析 [J]. 武汉大学学报（社会科学版），2003（7）.

[32] 谢军 . 论文化的本质与文化的先进性 [J]. 学术界，2003（5）.

[33] 朱霞梅 . 反贫困的理论与实践研究：基于人的发展视角 [D]. 上海：复旦大学，2010.

[34] 徐家良，于爱国 . 改革开放以来中国社会建设的主要内容研究 [J]. 北京行政学院学报，2009（3）.

[36] 许斗斗 . 马克思休闲价值思想探析 [J]. 学术研究，2006（5）.

[37] 刘晨晔，许征帆 . 劳动——休闲——马克思人的自由全面发展思想的两个内在逻辑基点 [J]. 南京政治学院学报，2003（1）.

[38] 王晓红 . 马克思《1844 年经济学析学手稿》中的“人与自然”和谐思想研究 [J]. 求实，2013（2）.

[39] 张金凤，石云霞，马克思视域中的“人的生产”概念：重读《德意志意识形态》[J]. 学术论坛，2008（8）.

[40] 张雷声 . 论社会主义社会主流意识形态 [J]. 马克思主义研究，2008（4）.

[41] 秦德君. 中国社会体制问题研究 [J]. 上海行政学院学报, 2010 (4).

[42] 刘晨晔. 解读马克思休闲思想的几个问题 [J]. 自然辩证法研究, 2003 (6).

[43] 杨金海. 马克思主义中国化研究的文化维度 [J]. 广西社会科学, 2012 (2).

[44] 朱永良. 现代性与中国的现代性追求 [J]. 理论探讨, 2011(6).

[45] 王俊栓. 从强国到民生: 新世纪我国政治发展主题的确立及其意义 [J]. 陕西师范大学学报 (哲学社会科学版), 2012 (2).

[46] 赵宬斐, 陈波. 执政 60 年: 中国政党现代性的谋划与检视 [J]. 兰州学刊, 2009 (1).